旅游说笑顺口溜

李灵资 主编　　李欣阳 副主编

北京·旅游教育出版社

前言

我1963年出生，可以说：一出生就挨饿，刚上小学常停课，上山下乡都去过，老婆孩子只一个。但后来的我是很幸运的，我成长于一个物质生活飞速发展、精神生活空前开放、成才机会到处都是的大好时代。那是因为：打倒"四人帮"，人民得解放，改革开放好，中国大变样。值得庆幸的是：1987年，我凭着大学四年学到的英语知识和喜欢与人打交道的性格，当然也还有自己年轻力壮，过得去的形象和气质，进入了早期的旅游行业，在桂林国旅干起了导游翻译工作，也很快找到了：放眼全球，献身旅游，广交朋友，其乐无穷的美好感觉。在之后的导游漫长生涯中，我通过自己的努力和用心总结出：导游会说话，去哪都不怕；导游嘴巴甜，才能赚到钱；导游有知识，才会有素质；导游有文化，会说古今和天下。2003年，我有幸调入桂林旅游高等专科学校，担任导游专业专职教师。出于旅游教学和培训导游专业学生的需要，我先后编写了《导游员导购指南》、《趣味导游顺口溜》、《导游促销艺术一本通》、《贵州黔南经典导游词》、《新桂林经典导游词》等著作。2006年开始，为搞好校企结合工作的需要，我在桂林金天下国际旅游有限公司兼任常务副总经理工作。在公司管理200多导游员的同时，也广泛接触了来自全国五湖四海的许多游客。后来我发现：游客很渴望能有一些提高他们旅游质量的文化知识书，旅游经营者和广大的导游也希望得到一些语言艺术比较高的，有实用参考价值的工具书。我思前想后，还是觉得再出一本《旅游说笑顺口溜》比较合适。由于顺口溜用字精炼、合辙押韵、通俗易懂、易记易传、幽默风趣，打破了长篇大论的说教，因此易受广大游客欢迎。同时，顺口溜这样的旅游文化书，既能充分满足游客求新、求奇、求美、求乐的需要，也能帮助导游人员提高讲解的语言魅力，帮助旅游经营者提升旅游产品的宣传效果。

本书完全打破了过去我所写的旅游文化书有太多局限性和地域性的不足，内容极为丰富，知识面广，文化深厚，包括中国旅游名胜、名品、名人，旅游怪闻、知识歌谣，中外旅游才知道，中外历史知识趣谈，民俗风情趣说和民间歌谣新编等方面的顺口溜。本书在宣传旅游文化知识的同时，力求健康高雅、朗朗上口、通俗易懂、易传易记，使其成为一本兼具知识性、广泛性、趣味性、参考性和实用性的，介绍祖国风景名胜，中外旅游文化知识，旅游经验之谈和旅游新文化的资料图书。

由于时间仓促，书中定有许多不足之处，敬请业内专家人士及游客朋友们批评指正。

李灵资

2014年8月28日于桂林

目录

一、旅游开心快乐多

(一)旅游快乐有讲究

钱多钱少没完没了，
官大官小都有烦恼。
人生在世健康最好，
快乐旅游年轻不老。
聚众赌博真是犯罪，
烟酒太多伤人肝肺，
开会太多感觉劳累，
出门旅游最为实惠。
千金散尽还会复来，
出门旅游让人开怀。
人生得意必须尽欢，
出门开心追求健康。
小康生活注重旅行，
有品有质快乐风光。
旅途当中累或不累，
想想革命的老前辈。
旅途当中甜或不甜，
开心快乐适度花钱。
旅途当中苦或不苦，

想想红军当年队伍。
旅途当中美或不美，
多看多听绝不后悔。
出门不要多比价位，
旅行当中要讲品位。
万里河山美或不美，
听好导游一张利嘴。
走过路过不要错过，
多看多听定有收获。
相信买的必是好货，
带回家里大家快乐。
选择淡季旅游最好，
不太拥挤人流又少。
往返程票提前预订，
购票当中应有优惠。
旅游计划要看仔细，
行程充实提高效率。
吃住不要太图便宜，
基本达标力求满意。
游览景点讲究经典，
安全舒适定要精选。
购物花销学会理智，
不要盲从太过冲动。
尊重当地民风民俗，
和谐共处少数民族。
旅途当中别太劳累，

量力而行讲究实惠。
快乐轻松又很开心，
旅游健康伴随人生。

(二)出门旅游须知多

行前准备必须认真，
了解行程定要充分。
知道越多效果越好，
减少旅途许多烦恼。
物质准备定要仔细，
衣物证件药品钱币，
相机手机和充电器，
旅行资料随身带好。
旅游合同维护权益，
旅游法规参照有利。
心态调整也要注意，
忘了家里忘了本地，
达官贵人自己忘记，
平民出游快乐随意。
集体行动重在参与，
团结协作旅途顺利。
上车睡觉下车尿尿，
景点拍照听讲不要，
旅游陋习定要去掉。
烦恼小事不要生气，
解决问题要在当地，

导游讲话要听仔细，
遇到疑问弄明其义。
尊重导游司机心意，
友好协商皆大欢喜。
旅途行走也要注意，
不快不慢脚踏实地，
听从导游跟好团队，
千万不要随心所欲。
贵重物品带在身上，
大件东西车上寄放。
旅游购物心里有数，
仔细挑选别靠投诉。
理智消费牢记心里，
该花钱处也须大气。
钱多在身切莫外露，
小心小偷乘虚而入。
旅游加点慎重考虑，
计划景点不能变异，
时间宽松留有余地，
好的景点加点进去。
旅游顺畅尤为重要，
吃住行游安全可靠。
旅游过程绝无小事，
稍有疏忽影响品质。
感谢中央重视旅游，
新法管理规范不愁。

遵纪守法人人有责，
学好新法保障品质。
看好旅游多多出游，
安全舒适快乐无忧。
人民生活已奔小康，
快乐旅行追赶时尚。

(三)常用礼貌用语七字诀

与人相见说“您好”
问人姓氏说“贵姓”
问人住址说“府上”
仰慕已久说“久仰”
长期未见说“久违”
求人帮忙说“劳驾”
向人询问说“请问”
请人协助说“费心”
请人解答说“请教”
求人办事说“拜托”
麻烦别人说“打扰”
求人方便说“借光”
接受好意说“领情”
求人指点说“赐教”
得人帮助说“谢谢”
祝人健康说“保重”
向人祝贺说“恭喜”
老人年龄说“高寿”

身体不适说“欠安”
看望别人说“拜访”
请人接受说“笑纳”
送人照片说“惠存”
欢迎购买说“惠顾”
希望照顾说“关照”
赞人见解说“高见”
归还物品说“奉还”
请人赴约说“赏光”
对方来信说“惠书”
自己住家说“寒舍”
需要考虑说“斟酌”
无法满足说“抱歉”
请人谅解说“包涵”
言行不妥“对不起”
慰问他人说“辛苦”
迎接客人说“欢迎”
宾客来到说“光临”
等候别人说“恭候”
没能迎接说“失迎”
客人入座说“请坐”
陪伴朋友说“奉陪”
临分别时说“再见”
中途先走说“失陪”
请人勿送说“留步”
送人远行说“平安”

（四）黄金周旅游囧途笑话

一行白鹭上青天，老子挤在最中间；
借问酒家何处有，又被堵在收费口；
犹抱琵琶半遮面，车上忘带方便面；
天生我材必有用，五个小时就不动；
寒雨连江夜入吴，高速路上看日出；
两岸猿声啼不住，家里不住车里宿；
路见不平一声吼，高速路上来遛狗；
万里山河一片红，欢喜出门个个熊。
出门旅游最快乐，无怨无悔长假过！

（五）零负团费害苦人

零负团费诱惑人，
忽悠游客先成行；
到了旅游目的地，
翻天覆地改行程。
住的酒店档次高，
房间里面没牙膏；
酒店离城很偏远，
绿林深处乐逍遥。
吃的团餐质不保，
八菜一汤吃不饱；
餐餐吃的一个样，
味道确实也不好。
行的交通车糟糕，

车子里面没空调；
卫生条件极为差，
走走停停常抛锚。
游的景点虽说多，
游览质量不好说；
蜻蜓点水快节奏，
常嫌游客行动磨。
购物商店真不少，
接待人员都说好；
你买我买大家买，
商品好看质不保。
娱乐活动也时尚，
旅游当地都一样；
不是看戏就夜游，
花钱消费别患愁。
计划景点不透明，
加点过多不公平；
旅游品位谈不上，
零负团费害苦人。

（六）中国公民国内旅游文明行为公约

维护环境卫生。
遵守公共次序。
保护生态环境。
保护文物古迹。
爱惜公共设施。

尊重别人权利。
讲究以礼待人。
提倡健康娱乐。

（七）中国公民出境旅游文明行为指南

中国公民，出境旅游，注重礼仪，保持尊严。
讲究卫生，爱护环境；衣着得体，请勿喧哗。
尊老爱幼，助人为乐；女士优先，礼貌谦让。
出行办事，遵守时间；排队有序，不越黄线。
文明住宿，不损用品；安静用餐，请勿浪费。
健康娱乐，有益身心；赌博色情，坚决拒绝。
参观游览，遵守规定；习俗禁忌，切勿冒犯。
遇有疑难，咨询领馆；文明出行，一路平安。

（八）户外装备购买须知

鞋子是要买的，登山加徒步的。
全皮是最好的，拼皮也不错的。
关键是防水的，尼龙也可以的。
保护是要紧的，所以要高帮的。
鞋底要防滑的，安全是第一的。
好底会蛮硬的，软底是拖鞋的。
技术是很多的，学问是很深的。
锅尔泰克斯的，歪脖拉儿母的。
基本用英文的，字典是能查的。
背包是重要的，没有是能借的。
女生五十五的，男生多十升的。

派格是不错的，歪肚也蛮好的。
贵点没关系的，东西定要正的。
关键在背负的，一定要合身的。
漏水是麻烦的，所以用雨罩的。
填装是要学的，不然会很累的。
重心要向上的，用力是胯上的。
左右要平衡的，前后要均匀的。
睡袋是有舱的，其他要自理的。
衣服在下面的，中间放食品的。
相机有分量的，放在最上面的。
头袋分里外的，作用是丰富的。
里面放证件的，外面放杂物的。
个人有喜好的，不必太拘泥的。
防潮有垫子的，地席也可以的。
价钱是便宜的，破损是容易的。
发泡用化学的，味道有一点的。
如果是物理的，味道好多了的。
有的是充气的，保温比较好的。
睡觉用睡袋的，信封或妈咪的。
一种是羽绒的，还有是棉花的。
羽绒是保暖的，进水就完蛋的。
如果是棉花的，凑合还能用的。
另外有抓绒的，作用是很多的。
衣服分三层的，舒服最重要的。
里面是酷迈的，全棉会弄湿的。
中间有抓绒的，比毛衣保暖的。

外面冲锋衣的,防风又挡雨的。

外套要大点的,举手不露腕的。

(九)搞好环保很重要

天变黄,水变黑,白色垃圾满天飞。真脏!

塑料袋,满天飞,市容面貌在抹黑。可恶!

天变灰,河变脏,生态环境在受伤。咋办?

扔张纸,吐口痰,人的生命要玩完。可怕!

塑料袋,竹木筷,城市污染真厉害。害怕!

电池多,电池好,环境污染最重要。回收!

水源断,河流脏,百姓生活遭了殃。真惨!

污水多,垃圾多,海洋也要变黑了。恐怖!

排尾气,冒黑烟,黑色烟雾飞满天。真呛!

空气中,颗粒物,大得可以赛蚊蝇。恶心!

囱冒烟,大气染,空气需要洗洗脸。难看!

废气多,污染多,天空就要变黑锅。灾祸!

臭氧层,在破洞,人们得了皮肤病。要命!

环境差,空气脏,指数升高没商量。咋办?

污染指,在上升,人的寿命不会增。可怕!

沙尘暴,刮来了,庄稼减产不得了。不得了!

大风刮,沙尘起,老人小孩黄脸皮。真脏!

树被砍,林被没,西伯利亚冷风多。真冷!

送贺卡,祝新春,大树小树恨死人。可恶!

贺卡美,贺卡好,树木破坏真不好。不要!

鸟被打,林被伐,自然环境破坏啦。不妙!

杀动物,砍植物,地球穿着破衣服。不好看!

树枯了，叶黄了，森林妈妈受伤了。不妙！
草变干，树变枯，大地妈妈像在哭。伤心！
洪水到，树也倒，江河不断在咆哮。快跑！
发大水，闹干旱，农民伯伯在流汗。真惨！
砍棵树，拔棵草，地球就要不行了。找医生！
真不妙！太不妙！环境改变要咋办？快治理！
天变蓝，水变清，白色垃圾人人清。真好！
沙尘落，天晴朗，沙漠从此不荒凉。真棒！
多种树，多种草，自然灾害就会少。真妙！
鸟儿多，天气晴，人们生活得安宁。睡觉！
源疏通，河流净，莺歌燕舞似仙境。真美！
花儿艳，草儿绿，蓝天白云真美丽。照相！
树长芽，鸟回家，自然环境恢复啦。好！
花草多，树木多，幸福生活你来过。唱歌！
森林多，资源多，环保效果真不错。不错！
小学生，收电池，小小年纪真懂事。好！
小学生，捡废品，个子不高人品高。可赞！
要种树，要种草，人人参与不能少。不能少！
重环保，护家国，男女老少齐忙活。齐忙活！

（十）注重礼仪之歌

礼名叫尊重，仪称曰表达。
礼仪合一块，融洽你我他。
礼仪作桥梁，交际顺又畅。
素养显形象，沟通它来帮。
仪表是外观，穿着要端庄。

整洁加自然，莫忘笑容光。
谈吐要文雅，语言莫肮脏。
见面问声好，告别祝福长。
尊老加爱幼，传统美德扬。
先人再后己，常念援手帮。
举止要讲究，彰显绅士度。
不亢也不卑，对象要兼顾。
赴宴或接待，切莫当老大。
尊人如敬宾，茶酒要先他。
交谈要谦恭，聆听挂心中。
理直晓言顺，语气莫带冲。
旅行要文明，废物莫乱扔。
车船要礼让，随俗爱苍生。
求人礼在前，言语要甘甜。
感激莫忘记，客气挂嘴边。
礼节是古训，公德记心中。
修身重修德，天下视为公。

二、导游说笑也快活

（一）干上导游工作方知人生美好

去到大草原才见过狼多肉少。
做过大老板才知道管理烦恼。

当过大领导才知年龄是个宝。
学会驾驶汽车才知奔驰蓝鸟。
企业缺乏人才就应积极寻找。
感觉知识匮乏就要认真学好。
发现身体偏胖需要运动多跑。
生存环境要好应该注重环保。
人生要成大事必定发奋趁小。
家庭和睦友好就应爱幼尊老。
干上导游工作方知人生美好。

(二)导游欢迎词中顺口溜

1. 万里长城永不倒,给点掌声好不好?
人生就像一出戏,大家有缘来相聚。
赵钱孙李是一家,东西南北是兄弟。
我为大家做导游,真是我的好福气。
大家对我有信心,我的讲解会认真。
大家支持多帮助,我会图报心有数。
大家看我很年轻,青春靓丽像明星。
大家看我很英俊,才华横溢很自信。
你们看我个头小,导游工作有技巧。
你们看我有点胖,工作起来有力量。
你们看我有点老,就像陕西大红枣。
外面皮子有点皱,里面味道还蛮好。
唱歌跟着感觉走,旅游跟着导游走。
心手相连同旅游,快乐心情天天有。

2. 说起导游工作,令人羡慕不错;

游山玩水真多，陪着客人乐呵。
说起导游辛酸，每人都有一筐；
上知天文地理，下知鸡毛蒜皮；
上山能够擒鸟，下河可以摸鱼。
起的要比鸡早，干得比牛还多，
吃得比谁都杂，跑得比马还快。
白天辛苦晚上累，半夜三更回家睡，
优质服务有热心，接团经理才放心。
为了客人去排队，避免客人高消费，
接待不周有误会，赔礼道歉被灌醉。
说起导游挣钱，确实不如以前；
管理条例仔细，维护客人权益。
市场整顿规范，讲究品质不乱；
提高导游素质，全靠文化知识。

3. 广东的导游说美味，云南的导游懂翡翠。
西安的导游说干嘴，北京的导游走累腿。
杭州的导游说风景，桂林的导游侃山水。
山东的导游说文化，东北的导游会好话。
四川的导游会说笑，西藏的导游通佛教。
新疆的导游爱歌唱，上海的导游讲时尚。
海南的导游讲节奏，福建的导游会算数。
台湾的导游讲人情，香港的导游促销行。

4. 到了北京你觉得文化太少，
到了上海你觉得家乡太小；
到了西藏你觉得身体不好，
到了四川你觉得容易累倒；

到了广州你觉得发财太少,
到了深圳你觉得开放很好;
到了香港你觉得繁华太吵,
到了海南你喜欢大海洗澡;
到了云贵你接触民族不少,
到了桂林你知道生态环保;
在此祝你们旅途开心过得挺好!

5.“百年修得同船渡,千年修得共枕眠”。
大家今日同车行,祝君旅游好心情。
湖南是个好地方,地灵人杰出大官。
多看多听多学习,幸福不忘毛主席。
陕西黄土埋皇上,绍兴师爷湖南将。
湖南千古多名辈,芙蓉国里尽朝晖。
南北文化交融汇,长沙环境人陶醉。
春有百花秋有月,夏凉冬有雪花飞。
湘菜开胃多辣椒,臭豆腐最畅销。
长沙美女皮肤细,看似化妆演完戏。
市民说唱也好听,挑担茶叶上北京。
长沙景点开发好,今古奇观真不少。
岳麓书院书声朗,马王堆里奇迹藏。
参观韶山人堆堆,主席故里放光辉。

6. 桂林山水甲天下,千古风流多文化;
秀甲天下属漓江,两岸奇山美风光。
不到长城非好汉,不游漓江真遗憾;
桂林山水三日游,其中必有水上浮。
绿水青山翠竹倒影,鹭鸶捕鱼儿童戏水;

自然人文和谐共存,山水相依无限完美。
桂林山水无限美,漓江犹如一线牵;
去到北京看首都,桂林山水饱眼福。
北京是我国首都,南京是六朝古都;
杭州是休闲之都,桂林是山水之都。
桂林山水美如画,阳朔山水胜桂林,
群峰倒影山浮水,山山水水都入神。
一根扁担两个筐,阳朔兴安和漓江;
如今桂林变化大,开发许多新景观。
桂林山水甲天下,阳朔山水人人夸;
十里画廊随意看,果然万朵碧莲花。
天边美景属龙脊,气势壮观显奇迹;
梯田看似登天梯,云雾真像飞天翼。
漓江之源猫儿山,离地只有三尺三;
登上叠彩拿云亭,仿佛就在天宫行。
象山水月在城中,南天一柱独秀峰,
伏波晚棹从东看,万马归槽明月峰。
桂林山水甲天下,来到桂林住地下;
卅年改革过去了,桂林如今大变化;
幢幢高楼拔地起,城市建设有规划。
山水自然风光美,旅游兴市重文化;
国际旅游胜地好,桂林前景美如画。

(三)导游讲解词中的顺口溜

1. 可爱的广西

广西壮族自治区，
地处南疆稍偏西；
东北西邻兄弟省，
出国越南不稀奇；
全省一百多市县，
五千万人做贡献；
八山一水一分田，
外加辽阔一片海；
三沿经济赚大钱，
广西发展非从前；
太平天国新桂系，
广西历史重头戏；
百色起义红七军，
创建革命根据地；
广西旅游属大省，
漓江银滩乐满地；
旅游资源最丰富，
发展旅游新思路；
注重文化搞旅游，
今非昔比迈大步；
桂林山水甲天下，
广西处处是桂林；
走进广西来旅游，
好山好水好心情。

2. 西安美景数不尽

东方亮起太阳升，中国有座西安城。
东西南北四大街，钟楼鼓楼在其中。
清真大寺化觉巷，碑林孔庙藏石经。
柏树林街卧龙寺，关中书院育明清。
藏密黄教广仁寺，董仲舒居下马陵。
山高有灵东岳庙，饮水思源甜水井。
“八办”风雪七贤庄，“西安事变”举新城。
土地神祇城隍庙，环城公园林道静。

一环内

道教圣观八仙庵，皇家花园兴庆宫。
太平公主罔极寺，秦庄襄王韩森冢。
唐开远门桃园路，汉影山楼枣园东。
梨园旧址大白杨，仿唐乐舞振新声。

二环内

朱雀门对明德门，电视塔邻唐天坛。
密宗一行大兴善，乐游原上寺青龙。
太极宫墙西五台，玄武门里第十中。
辛家庙南斡儿垛，奉元安西王府城。
大小雁塔南门外，北关接着大明宫。
西郊项羽烧阿房，半坡遗址在河东。
天禄石渠汉书馆，黄门口即西安门。
含元麟德唐太液，火车站北门丹凤。
长安牡丹甲天下，雁塔金榜夸题名。
彩霞紫云曲江池，《大唐追梦》园芙蓉。
太白南路木塔寺，丈八北路鱼化寨。

汉太液池柏梁村，高低堡子建章宫。
新石器址米家崖，薄后窦后汉杜陵。
灞水西岸轵道旁，刘邦入关降子婴。
二世胡亥西曲江，寒窑宝钏五典坡。
七万九千七百米，新开门香入夹城。
长安南墙山门口，唐城北墙铁二中。
产灞交会上水腰，草滩三桥古闻名。

三环内

兴教寺埋唐僧骨，白鹿原上堆霸陵。
丝绸之路走西口，长乐未央拥汉城。
秋风渭水秦咸阳，凤鸣岐山周丰京。
紫气东来唐长安，龙首原南隋大兴。
沃野千里膏腴地，天府陆海上等国。
秦中自古帝王州，十七王朝建都城。
滈泾渭水穿南北，沣涝灞河贯西东。
荡荡“八水绕长安”，萦纡委蛇分经营。
四关险塞固形胜，被山带河流金城。
古有“关中美八景”，今辖九区四县城。
太白积雪六月天，草堂烟雾龙象生。
曲江流饮歌画船，雁塔晨钟报晓声。
灞柳风雪长相思，骊山晚照锦绣岭。
咸阳古渡渭城曲，华岳仙掌朝阳峰。

三环外

华夏文化发祥地，长安区看好风景。
五楼村遗新石器，客省庄存龙山风。
郭杜仓颉造字台，祝村姬满穆王陵。

灵台灵沼镐京观，丰镐遗址沣西东。
周车马坑张家坡，毕原文武周公冢。
汉昆明池斗门镇，石父石婆天河星。
刘恒劳军马不前，亚夫兵壮细柳营。
唐杜氏茔司马村，明十三陵大府井。
少陵原西杜甫祠，将军陵园杨虎城。
华严宗源华严寺，樊川八寺烟雨中。
“铁顶武当”太兴山，香积寺源净土宗。
终南神秀南五台，翠华云雨太乙宫。
子午栈道大义谷，沣峪温泉翠微宫。
高冠瀑布祥峪乡，八座名山绣画屏。

长安区

临潼文物甲天下，骊山名胜贯古今。
原始村落赠姜寨，名医扁鹊戏水东。
女娲炼石老母殿，李耳奉供殿长生。
栎阳古镇秦国都，飞泉激瀑寺石瓮。
秦始皇陵兵马俑，“第八奇迹”世界名。
焚书坑儒洪庆谷，鸿门宴道通新丰。
举世罕见铜车马，特级佛宝庆山帐。
幽王褒姒烽火台，玄宗贵妃华清宫。

临潼区

蓝田日暖玉生烟，猿人遗址公王岭。
蔡文姬墓三里镇，《辋川图》碑二十景。
峰峦回旋悟真寺，彩塑连环水陆庵。
汤峪温泉疗肌肤，蓝关古道屏要冲。

蓝田县

山富水丰“金周至”,“第一福地”属秦岭。
仙游寺唱《长恨歌》,楼观台颂《道德经》。
太白绝顶拔仙台,八云塔美秀天空。
源清流洁黑河水,曲折引进西安城。

周至县

资优物阜“银户县”,高冠谷水激圭峰。
译经圣地草堂寺,全真道观重阳宫。
祖庵碑林蒙汉文,回文诗碑钟楼行。
渼陂湖水最佳处,空翠堂来思“诗圣”。

户县

秦川黄壤白菜心,奉正原隆如高陵。
李晟墓碑公路桥,三阳寺塔学校中。
汉东渭桥白象村,米堆石器新遗踪。
“泾渭分明”马家湾,汉魏唐宋老县城。

高陵县

陕北高原信天游,秦巴山区岭南风。
关中平原八百里,陕西处处有名胜。
半坡骊山华清池,鸿门秦陵兵马俑。
文庙龙门司马祠,桥陵华山东线行。
昭陵乾陵马嵬坡,汉武大帝霍去病。
塔庙大佛法门寺,咸阳宝鸡西线行。
蓝田猿人水陆庵,楼观沣西车马坑。
兴教香积草堂寺,长安南线一日行。
汉城唐宫三原庙,人文初祖黄帝陵。
摩崖造像药王山,长安北线一日行。

“天然历史博物馆”，人文自然好景观。

3. 黄山松的精神

顶风傲雪的自强精神。
坚忍不拔的拼搏精神。
众木成林的团结精神。
百折不挠的进取精神。
广迎四海的开放精神。
全心全意的奉献精神。

4. 贵州美景看黔南

不到长城非好汉，不游黄果树真遗憾。
民俗旅游看云南，休闲旅游看海南，
文化旅游看河南，贵州旅游看黔南。
改革开放三十年，贵州旅游换新颜。
风景这边真美好，民风这里很淳朴，
民俗丰富又多彩，文化原始又古朴。
自古江南千条水，云贵高原万丛山，
伯温预见五百年，云贵定会赛江南。

5. 印象漓江

天底下有一条美丽的江，生于猫儿山长在太平洋。

天底下有一条高贵的江，她是桂林人的亲娘。

这是一条清澈的江，船在山顶航行鸟在江底飞翔。

这是一条明媚的江，像哈达一样纯洁像壮锦一样漂亮。

这是一条欢乐的江，山歌唱出太阳渔火点燃月亮。

这是一条好客的江，多少游人醉倒在你的身旁。

你用清澈透明的手掌，托起象鼻古老的曲水流觞。

你用浓墨重彩的嫁妆，装点着如诗如画的层峦叠嶂。

黄布金滩上的倒影，映红了夕阳陶醉了月亮。

印象刘三姐的歌声，荡漾着山水间最动人的绝唱。

天底下有一条婀娜的江，流过灵渠流进桂林人的梦乡。

天底下有一条美丽的江，她是小伙子永远的新娘。

6. 北京旅游顺口溜

北京是很大的，古都是文化的，追溯是战国的；朱棣是缔造的，城里和城外的，东南和西北的，中间是开始的；天安是城楼的，领导是挥手的，平常是人民的，十块是一次的；广场是最大的，游人是最多的，风筝是能放的，雪碧是别带的；南边是正阳的，前门是楼子的，天桥旧时是卖艺的，现在继承是传统的；中间是看完的，向东是太庙的，向西是社稷的，向北是紫禁的；太庙是文化的，劳动是人民的，明清是皇帝的，祖先是祭祀的；社稷是过去的，公园是中山的，国土是五色的，乐堂是高雅的；史宬是皇家的，池子是南边的，大典是永乐的，四库是不全的；景山是人造的，崇祯是上吊的，槐树是后植的；美术是中国的，馆藏是丰富的，展览是能卖的，大款是捧场的；六海是人造的，中南是禁行的，西北是美丽的，前后是该去的；北海是辽代的，河道是永定的，团城是精致的，白塔是最高的；琼华是海上的，书法是岛上的，九龙是双面的，植物是满园的；恭府是花园的，修建是和珅的，大门是西洋的，长城是袖珍的；沫若是文化的，住处是很大的，院子是四合的，以前是恭王的；鼓楼是齐正的，中心是元代的，周围是胡同的，独特是一定的；钟楼是很高的，大钟是永乐的，最大是世

界的，安装是神秘的；万宁是后门的，中轴是定位的；银锭是观山的，燕京是八景的；箭楼是德胜的，徐达是修建的，于谦是保卫的，闯王是攻进的；汇通是祠堂的，守敬是开河的，元朝是码头的，地铁是环线的；悲鸿是纪念的，新街是口北的，门票是不贵的，参观是很对的；长安是大街的，车道是最宽的，全长是百里的，宏伟是三环的；秀水是丝绸的，老外是爱去的，名牌是便宜的，制造是本地的；友谊是商店的，外汇是兑换的，现在是平等的，进出是随便的；赛特是精品的，华侨是村里的，宫殿是常富的，套房是皇帝的；光华是长安的，过去是戏院的，中粮是广场的，恒基是中心的；饭店是国际的，街后是旅游的，对面是铁路的，车站是北京的；王府是古井的，广场是东方的，大楼是百货的，教堂是天主的；贵宾是五星的，饭店是北京的；电报是大楼的，钟声是准时的，正点是会唱的，东方是太阳的；商场是西单的，商业是发达的，商务是电子的，购物是老榕的；文化是民族的，展览是固定的，土产是丰富的；百盛是马来的，打折是经常的，美术是工艺的，翡翠是稀世的；军事是博物的，和平是爱好的，古代是战争的，现代是兵器的；世纪是高坛的，乾坤是能转的，玉渊是野味的，乘船是颐和的；电视是中央的，高塔是俯瞰的，北京是完全的，阴天是别上的；天坛是宏伟的，标志是北京的，大殿是祈年的，环壁是回音的；先农是九坛的，博物是展馆的，建筑是古代的，收藏是很多的；湖边是龙潭的，袁庙是崇焕的；西边是少年的，宫里是欢乐的；博物是自然的，建筑是十大的，儿时是常来的，引人是入胜的；地坛是方泽的，庙会是春节的，雍和是喇嘛的，佛教是藏传的；太学是国子的，

辟雍是乾隆的;孔庙是元朝的,石碑是进士的,日坛是祭日的,嘉靖是始建的;东交是民巷的,使馆是国外的,建国是后开的,观象是天文的;月坛是城西的,礼士是路南的,祭祀是月神的,婚介是特色的;寺院是妙应的,白塔是元代的,形式是黄教的,现存是最早的;帝王是历代的,明清是祭奠的,规模是巨大的,阜成是门内的;城门是西便的,二环是边上的,城墙是仅有的,现状是后修的;宝塔是天宁的,孝文是北魏的,建塔是辽代的,图案是精美的;道观是白云的,教派是全真的,创建是盛唐的,庙会是著名的;寺庙是报国的,烈士是供奉的,会馆是湖广的,中山是演讲的;琉璃是工场的,文物是经商的,或者是很贵的,或者是很假的;菜市是砍头的,午门是不对的,君子是六人的,康梁是逃亡的;大观是新修的,根据是红楼的,硬套是生搬的,雪芹是遗憾的;角楼是东南的,路边是二环的,转角是城垣的,全国是仅见的;燕墩是镇南的,永定是门外的,石碑是御制的,撰写是乾隆的;葆台是花乡的,汉墓是完好的,燕王是刘旦的,挖开是不愿的;城垣是辽金的,右安是门外的,南京是中都的,水关是最大的;宛平是辽代的,守城是主要的,崇祯是修楼的,建好是灭亡的;卢沟是金朝的,晓月是难见的,狮子是不同的,鬼子是不看的;展馆是北京的,建筑是苏联的,餐厅是老莫的,阳光是灿烂的;石桥是高梁的,元朝是初建的,下面是金水的,直通是颐园的;天文是神秘的,天象是观测的,仪器是先进的,现在是重建的;动物是远古的,化石是很多的,恐龙是下蛋的,卖钱是不对的;体育是首都的,比赛是少有的,运动是收钱的,演唱是经典的;书馆是国家的,办证是本地的,藏书

是很多的，下班是很早的；紫竹是公园的，湖泊是悠久的，喝茶是清静的，划船是嫌小的；寺院是万寿的，慈禧是常来的，佛像是金属的，家具是红木的；石刻是博物的，真觉是寺庙的，俗称是五塔的，现在是修整的；明寺是法海的，模式是街口的，壁画是珍贵的，古柏是千年的；西山是晴雪的，秋天是红叶的，重阳是登高的，别墅是双清的；团城是演武的，东南是山脚的，阅兵是乾隆的，独一是无二的；碧云是元代的，罗汉是五百的，康乾是隐藏的，中山是衣冠的；卧佛是巨大的，铜铸是元朝的，原名是兜率的，贞观是始建的；公园是植物的，华北是最大的，种类是繁多的，热带是观赏的；名园是颐和的，乾隆是建立的，慈禧是重修的，经费是海军的；湖光是山色的，昆明是万寿的，长廊是绘画的，典故是不重的；石舫是白石的，铜亭是青铜的，光听是不够的，去看是一定的；玉泉是垂虹的，燕京是八景的；圆明是遗址的，重修是不该的，联军是英法的，落后是挨打的；燕园是北大的，麒麟是丹樨的，湖畔是未名的，水塔是博雅的；荷塘是月色的，清华是庚子的，历史是悠久的，名人是很多的；东街是地安的，军阀是北洋的，祺瑞是执政的，和珍是牺牲的；行宫是中山的，逝世是肝癌的，住宅是维均的，总长是外交的；鲁迅是旗手的，阜成是门内的，华盖是这写的，兄弟是不和的；白石是国画的，辟才是胡同的，年轻是木工的，享年是近百的；锣鼓是巷南的，圆恩是寺后的，茅盾是住过的，六年是临终的；老舍是满族的，四合是典型的，西口是灯市的，沉湖是太平的；天祥是南宋的，府学是胡同的，英雄是民族的，就义是被俘的；于谦是杭州的，进士是永乐的，祠堂是忠节的，胡同是裱

褙的;有为是南海的,米市是宣武的,上书是公车的,变法是首脑的;嗣同是浏阳的,胡同是半截的,心情是悲壮的,知死是必往的;杀贼是有心的,回天是无力的;死得是其所的,痛哉是快哉的;春季是踏青的,夏天是游水的,秋岁是爬山的,冬日是访古的;进门是师傅的,修行是个人的,攻略是口诀的,领悟是自身的;烤鸭是挂炉的,小吃是宫廷的,葫芦是冰糖的,面条是炸酱的;单车是百姓的,三轮是板爷的,夏利是的哥的,奔驰是大款的;豪宅是高级的,别墅是花园的,装修是奢侈的,平民是无缘的;杂院是低矮的,厨房是搭建的,屋顶是漏雨的,四世是同堂的。

7. 华东出行旅游顺口溜

九朝古都总统府,中山陵前敬先生,
雨花台上雨花魂,秦淮河游江南景。
三国水浒电影城,紫砂之都紫砂壶。
苏州园林拙政园,张继不在枫桥在。
品完龙井尝白菊,宋城千古宋朝情。
西子湖畔西湖景,浦东外滩万国景。
一路走来一路景,上海发展快速行。

8. 南京旅游有讲法

扬子江,入海前急弯;
南京城,坐落偎江畔。
南京城,两千五百年;
名称多,史事不平凡。
金陵建业,江宁建康;
秣陵集庆,白下应天。

钟山景区

巍钟山，龙蟠曲蜿蜒；
举双眼，树密苍翠倩。
中山陵，顺势依坡衍；
祭奠堂，总统卧中间。
外厅壁，遗嘱被敬虔；
谋强国，方略获赏鉴。
帝王宅，明朝都城显；
明孝陵，洪武黄土掩。
天文台，星光镜识辨；
浑天仪，东汉张衡研。
罗贯中，三国故事演；
梅花山，蕊香忆孙权。

秦淮风光带

夫子庙，秦淮水潺潺；
桨声响，花灯衬游船。
瞻园路，太平天国馆；
起内讧，天京遮瘴暗。
巧瞻园，屏栏丽窗轩；
大成殿，仲尼留箴谏。
文天祥，铜筋铁骨汉；
明德堂，丹心汗青展。
王谢家，堂前飞群燕；
桃叶渡，献之书长卷。

明城墙

六十里，城周全球冠；

形状异，怪似星斗环。
十三座，古城门拱券；
新开门，撤障走行便。
基础稳，砖石墙伟坚；
数百载，侵蚀断缺欠。
壁辉煌，故宫毁于烟；
聚宝门，四层瓮围圈。

城西景区

朝天宫，祭祀礼仪喧；
宫墙外，冶山有道院。
赏心亭，登临忧患添；
射豺狼，南宋出稼轩。
莫愁湖，莫愁女靓妍；
十里堤，雾沉波漪涟。
胜棋楼，徐达朱元璋；
摆棋盘，君臣战尤酣。
乌龙潭，真卿备墨砚；
挥笔撰，檄伐安史奸。

市内景区

红山根，动物绕山沿；
皇家园，葱郁皆慕羡。
鸡笼山，鸡鸣古寺庵；
三藏塔，九华认晓岚。
玄武湖，漾泱尤斑斓；
广袤泽，明珠正璀璨。
东岸旁，人拥挤成串；

国展馆，导向信息传。
情侣园，男婚女嫁牵；
共握锨，培植并蒂莲。
大江景区
凤凰台，遏潮排浪前；
凤凰去，何处觅诗仙？
宝船厂，巨舟扯劲帆；
下西洋，郑和立首舷。
贩鸦片，抗英燃烈焰；
静海寺，签约国遭贬。
纪念碑，渡江战役镌；
绣球园，挹江门侧偏。
水师堂，理论要实践；
固疆域，鲁迅曾学练。
明之初，君臣楼记选；
昔日梦，昌盛今能圆。
阅江楼，鸟瞰怡景茜；
仅有记，无楼史翻掀。

9. 重庆地方文化顺口溜

远看重庆像天堂，近看重庆像银行；
重庆街道实在长，百姓都为挣钱忙。
人人都说重庆好，个个都往重庆跑；
重庆挣钱重庆花，哪有钞票寄回家。
重庆工资比较高，吃住还是老板包；
都说这里伙食好，天天麻辣少不了。
都说这里环境好，城市到处种花草；

都说这里领班帅，个个平头像锅盖。
重庆美女实在多，开口最爱喊帅哥；
这里美景真不少，大足石刻是国宝。
三峡游览始重庆，三国故事人人会；
歌乐山上渣滓洞，游人观后受感动。
解放碑前说解放，翻身不忘共产党；
重庆人民很重情，时常想念邓小平。

10. 山东济宁美食多

济宁人，讲吃喝，城里城外饭馆多。
喜宴上，糖熘鱼，斤半鲤鱼上大席。
撕烧鸡，拆老鳖，十个凉拌上了桌。
万福楼，下馆子，一品山药蜜汁梨。
百花村，海鲜多，三鲜海味有火锅。
温泰和，回民锅，霸王别姬滋味多。
玉仙馆，酒肴多，四盘六碗有押桌。
隆盛店，鸭子锅，海参猴头和燕窝。
佛心斋，素菜多，素菜滋味数得着。
玉露庵，佛教院，和尚尼姑吃斋饭。
青年饭店小闸口，南北菜肴全都有。
肉丝肉片核桃鸡，清蒸鲫花有奶汁。
四喜丸子米粉肉，肥而不腻有香头。
炒鸡丁，清炖鸡，萝卜做的假肉丝。
遛一遛，走一走，热闹还是南门口。
出来南门往东望，除了吃喝不上当。
遛一遛，逛一逛，土山市场走一趟。

先生来，您请坐，伙计出门迎顾客。
报菜名，多得多，白酒红酒随意喝。
炒小鸡，炖小鱼，还有酥鸡炖粉皮。
有锅贴，有壮馍，牙口不好吃馍馍。
有煎包，有菜盒，大米白汤随意喝。
南门口，卖辣汤，玉莲街上炸糕香。
豆腐干，甜面酱，豆腐乳汤辣椒放。
杨家坝，豆腐坊，肩挑卖的豌豆黄。
一品香，天津包，大闸口的油馍焦。
林家湾，小鱼汤，太平街上大鱼汤。
大米干饭猪肉汤，菜汤杂烩粗饭庄。
小闸口，王大才，铁板火烧挂头牌。
大米粥，鸡蛋汤，三鲜水饺带清汤。
喝馄饨，吃元宵，江米粽子苇叶包。
回民聚集住柳行，多数人家宰牛羊。
卖羊汤，卖糁汤，五代传人叫马强。
烧羊肉，泡老汤，全家卖的杂骼汤。
千层锅饼薄单饼，栗子抹羹用碗盛。
小商夜晚高声唤，烧饼果子熟鸡蛋。
鸡杂肝麻子叶包，厨师夫人卖酒肴。
排骨肉，炒鱼片，要吃还是家常饭。
肉扒茄，火炝虾，大蒜拌的小黄瓜。
炖草鱼，有大葱，猪肉炖的萝卜丁。
院门口，往北走，要吃十饭老咬口。
黄豆芽，焖肉片，拔丝山药别放筷。
兰芳斋，称果子，点心八件装盒子。

京式八件芙蓉糕,焦黏麻饼和三刀。
马大兴,是老店,回民糕点品种全。
走亲访友花月圆,佳节聚齐好团圆。
吃酱菜,上玉堂,八宝小菜蘇油香。
松花蛋,用龙缸,金波美酒得金奖。

11. 山东的名优土特产品大全

翻飞千寻玉,倒泻万斛珠。
第一土特产,济南趵突泉。
一提俺山东,煎饼卷大葱。
泰山石敢当,全国都用上。
吕剧和柳琴,山东是独创。
旅游到山东,青岛喝啤酒。
烟台大苹果,泉城特产多。
济南罗汉饼,面塑手艺高。
民间有剪纸,锅贴灌汤包。
清油盘丝饼,荠菜春卷饺。
乡情烤地瓜,刺绣与黑陶。
天然木鱼石,全羊炭火烤。
糖酥大煎饼,春饼五仁包。
泰康新油茶,煎饼蒸三刀。
糖醋大鲤鱼,九转大肠俏。
蒲菜做奶汤,金蝎滚绣球。
黄县长把梨,济南草包包。
苏将林的老油旋,宏济堂药店老字号。
千佛山柿子,大明湖的藕,趵突泉的泉水酿啤酒。
好汉出梁山,名优特产出齐鲁。

莒县屏风挂扇,高唐黄杨木雕。
长清木鱼石,泰山山核桃。
烟台有绒绣,诸城鸡背烤。
潍坊水萝卜,羽毛画手巧。
曲阜尼山砚,淄博美术陶。
周村老药铺,青岛贝壳雕。
胶州大白菜,青州雪蜜桃。
历城磨盘柿,茌平有马枣。
聊城王皇李,潍坊有和乐。
唐王大白菜,德州产黑陶。
胶东会剪纸,莱州会玉雕。
莱芜蝙蝠石,定陶打剪刀。
流口开金矿,临沂全羊烤。
海阳大樱桃,日照有黑陶。
泗店甜苹果,肥城产蜜桃。
费县有山楂,大泽山葡萄。
平阳种玫瑰,乐陵产黑陶。
鱼台香大米,明水产香稻。
泰山仙灵芝,禹城小辣椒。
招远出黄金,聊城葫芦雕。
龙山产小米,烟台红樱桃。
崂山出矿泉,博山吃水饺。
王村御香醋,龙山贡黑陶。
青岛采珍珠,烟台产葡萄。
泰山大煎饼,邹平产山药。
即墨有老酒,高庄产花椒。

莱芜大山楂，枣庄产瓜枣。
泰山有灵芝，博山产香稻。
崂山有绿茶，沂水有大枣。
安丘种大姜，龙口产葡萄。
枣庄的榴叶茶，赞玉堂百年老中药。
泉城的鲁绣，泰山的板栗。
曹州牡丹花，莱州的月季。
日照京冬菜，莱阳的茌梨。
泰山何首乌，青岛高粱饴。
明水白莲藕，龙口有金菊。
曲阜熏豆腐，胶东偏口鱼。
章丘的烤肉，威海的鲍鱼。
博山的酥锅，枣庄的鲤鱼。
泰山赤鳞鱼，德州的大驴。
临邑的白山羊，长岛的鱼翅蟹黄。
沾化品牌有冬枣，鄄城的鲁锦漂亮。
临沂中华熟梨，青岛小红楼包子灌满牛肉汤。
潍坊的风筝，渤海的对虾。
临朐的全羊，青州的银瓜。
昌乐的宝石，烟台的抽纱。
寿光的蔬菜，杨家埠年画。
龙口的粉丝，平邑金银花。
菏泽的耿饼，惠民的西瓜。
高密的泥塑，莱西的半夏。
茌平黄花菜，南阳的野鸭。
莒南的茶叶，平阳的西瓜。

莱芜的锡雕，夹山香椿芽。
潍县的萝卜，德州的西瓜。
高密的菜刀，曹州的木瓜。
高塘的驴肉，微山湖麻鸭。
潍坊镶银漆器，临清的甜酱瓜。
烟台无花果，崂山云峰茶。
郯城银杏树，威海的对虾。
巨野罐子汤，安丘的草莓大。
临沂孝感的河藕，微山湖的荷花。
禹城的扒鸡，高密扑灰年画。
保店的驴肉，烟台山蝎香油炸。
周村盘丝饼，禹城的红麻。
东营的王王刀，糖酥煎饼数四门塔。
阳信的鸭梨，肥城的桃大。
定陶县陶布，微山湖金鱼虾。
麒麟马哈鱼，武定府的酱瓜。
长岛的海胆酱，沙村的甜西瓜。
港西无花果，大岱山山楂。
芝畔的烧肉，德州的菊花。
博平的大枣，莘县的香瓜。
汶上的荸荠，平度的棉花。
乳山的阳梨，潍坊的菜瓜。
东平的糟鱼，宾州的中国对虾。
泰山的板栗，平阴玫瑰花。
潍坊的肉鸡，莱芜的“三辣”。
单县的羊肉汤，夏津手工艺花。

章丘的大葱，昌乐的西瓜。
荣城的黄桃，临朐的山楂。
临沭的柳编，莱阳的梨花。
东营的齐笔，莱西的山楂。
菏泽的牡丹，弥河的银瓜。
莱州的毛笔，龙山的西瓜。
长岛的鲍鱼，莱州的月季花。
夏津印花蓝布，峄城的石榴花。
长岛的扇贝，淄博的琉璃内画。
莱阳东阿阿胶，临清的手杖雕花。
津临禹的天花粉，济宁的名酒文化。
沂蒙全蝎金黄，菏泽小尾寒羊。
历城的红玉杏，莱芜金家羊汤。
微山湖鸡头米，郓城肠衣羊肠。
东明的猾子皮，淄川的服装。
沂山的丹参，莱芜的香肠。
威海的柞蚕，崂山的奶山羊。
曲阜的香稻，蓬莱的炸蛎黄。
烟台的天鹅蛋，鲁菜九转大肠。
鲁西的黄牛，苍山的蒜头。
崂山的璐石，金谷的杂豆。
沾化的原盐，渤海的黑牛。
沂蒙的黑猪，莱阳的绒绣。
阴平的毛笔，滕县的土豆。
莱州大理石，芝畔的烧肉。
潍坊青铜器，微山湖莲藕。

黄县长把梨，临沭工艺柳。
潍坊布老虎，古贝春名酒。
禹王亭特酿，乐陵的中华蜜酒。
青岛的辣炒蛤蜊，烟台的蝎滚绣球。
蓬莱的栉孔扇贝，鲁能花生食用油。
微山湖的松花蛋，周村铜响丝绸。
日照特产是海鲜，无棣金丝大枣优。
玉堂酱菜家常备，威海地毯全出口。
庆云县的红枸杞，高庄的香椿芽长。
养马岛的黑刺参，沾化水淹活蟹香。
三龙牌糖酥煎饼，淄博酥锅油粉强。
莱州湾的大螃蟹，烟台白兰地获金奖。
寿光县的寿光鸡，山亭地瓜枣整出大名堂。
宁津长官大包，威海名牌钓鱼竿。
单县吊炉烧饼，栖霞县麻绣挂毯。
兰高巨峰葡萄，泰安老山套柴鸡蛋。
青州的大蜜桃，景芝的老白干。
临朐的红丝石砚，万和春饭庄排骨米饭。
莱州酿特曲，宁津的景泰蓝。
平阴产阿胶，庆云草帽辫。
临清的狮猫，禹城名地毯。
泰山的特曲，福山银丝卷。
诸城的石榴，金乡的大蒜。
临清“一品斋”糕点，福山的大面。
夏津白玉鸟，沂源的高产棉。
莱阳的绒绣，禹城草柳编。

平原的鸽子,孙集的铁编。
荣城的花生,青州的蜜桃。
蓬莱的刺参,栖霞的苹果。
威海大花生,淄博的国瓷好。
曲阜孔府家酒香,鲁北山羊板皮强。
东营的刀鱼味美,特级酥梨产莱阳。
庆云的金丝小枣,鲁北纯种白山羊。
中国的即墨老酒,夏津抱头毛白杨。
长清的红玉杏果,白马湖大尾寒羊。
菏泽人捏面塑,昌邑人做镜框。
曲阜人搞楷雕,莱芜人专灌香肠。
泰山玉脂小白梨,乐陵有特产羊肠。
昌邑人饲养银鱼,临清特产济美酱。
威海盛产水貂,潍坊人失蜡铸铜章。
乐陵有金丝小枣,平原县红荆条编筐。
滨江的锅子饼,长岛的鱼家饭。
东营的肴驴肉,德州的大柳面。
潍坊的朝天锅,泰山的三美宴。
孔府鱼翅四大件,福山的美食吉升官。
临清名吃托板嫩豆腐,青岛谷香林的排骨面。
微山湖的吉祥长寿蟹,泰安喜宴红绿八宝饭。
枣庄的山亭羊肉汤,济南府的把子肉干饭。
南阳的山珍烧野鸭,泉城名宴海参三大件。
烟台的芙蓉百花鲍,锦秋湖有捶藕和断鳝。
青岛的长城鲜水饺,台儿庄的张家狗肉店。
威海美食七珍煮羹,文登的媳妇饼猪耳朵面。

备齐孔府大宴满汉全席，再上蓬莱的八仙过海闹罗汉。微山湖品尝四鼻孔大鲤鱼，都满上张裕干红葡萄酒。这真叫好客山东让你醉！

（四）导游促销词中的顺口溜

1. 健康浴足和按摩

树老根先枯，人老足先衰，想要人不老，按摩先按脚；旅途太劳累，洗脚捶捶背，药汤先泡之，按摩按到位；血管阻和放，全身气力旺，热血在冲流，保健不用愁；补肾又壮阳，幸福万年长，近则除疲劳，远则健身效；健康又高雅，功效不会假，浴足按全身，潇洒度人生。

2. 一首实用的健康食疗歌

盐醋防毒消炎好，韭菜补肾暖膝腰。
萝卜化痰消胀气，芹菜能降血压高。
胡椒祛寒又除湿，葱辣姜汤治感冒。
大蒜抵制肠胃炎，绿豆解暑最为妙。
梨子润肺化痰好，健胃补肾食红枣。
西红柿补血美容颜，禽蛋益智营养高。
花生能降胆固醇，瓜豆消肿又利尿。
鱼虾能把乳汁补，动物肝脏明目好。
生津安神数乌梅，润肺乌发食核桃。
蜂蜜润肺化痰好，葡萄悦色人年少。
香蕉通便解胃火，苹果止泻营养高。
海带含钙又含碘，蘑菇抵制癌细胞。
白菜利尿排毒素，菜花常吃癌症少。

3. 喝茶使人清醒

曾经有一个成功的他,爱上了一个不该爱上的她。

日久生情她也深深地爱上了他,而且怎么也离不开他。

还建议他回家休了他原来的她,她打算永远跟着他。

出于无奈他只好回到了家,去告别他原来的她。

他原来的她被迫答应他,

并煮好了饭菜泡好了茶招待了他,

也希望他能回心转意跟回她。

他吃过了饭,喝过了茶,真的还是舍不得离开他原来的她。

冷静思考过后,他走到屋外打电话告别那个不该爱上他的她,

他打算永远跟回他原来的她,并从此相亲相爱守住原来的她,

将美好的日子分给原来的她。

他从此不想再多喝容易醉的烈酒,只想多喝使人清醒的茶。

4. 传统的茶文化

平地有好花,高山有好茶;高山多雾出名茶。

山高土又黄,天然好茶场,清明发芽,谷雨采茶。

谷雨前茶,沁人齿牙。

明前茶两片芽,明前采茶为上春,明后采茶为二春。

种茶不要粪,一年三次锄,十年老不了爹,一夜老了茶;当天采茶,当天做芽;

客来茶当酒,意好水也甜,酒吃头杯,茶喝二盏,好茶

一杯,精神百倍;

茶水喝足,百病可除;生吃萝卜和热茶,大夫改行拿钉耙;常喝茶,少烂牙;

春茶苦,夏茶涩,要好喝,秋露白;晚餐少喝水,睡前不饮茶。

5. 十大名茶有说法

(1)西湖龙井:古今有名,产于杭州。
茶叶扁形,条形整齐。
茶叶细嫩,宽度一致。
色为绿黄,手感光滑。
小巧玲珑,味道清香。

(2)碧螺春茶:属绿茶类,银芽显露。
产于江苏,碧螺峰中。
茶果间种,根脉相通。
叶底幼嫩,均匀明亮。
花香果味,天然品质。

(3)信阳毛尖:产于河南,信阳山区。
群山连绵,环境绝好。
绿茶种类,银绿隐翠。
形条索紧,叶底嫩绿。
香气新鲜,卷曲发黄。

(4)君山银针:产于湖南,岳阳君山。
芽头肥壮,挺直匀齐。
满披茸毛,茶汤橙黄。
香气清鲜,滋味甜爽。
形如群笋,银针竖立。

(5)六安瓜片:产于安徽,齐云山上。
外形平展,叶缘微翘。
叶呈绿色,形似瓜子。
水色碧绿,滋味回甜。
香气清高,汤色透亮。

(6)黄山毛峰:产于安徽,歙县黄山。
形似雀舌,色如象牙。
叶呈金黄,嫩绿油润。
香气清鲜,水色清澈。
杏黄明亮,味醇回甘。

(7)祁门红茶:产于安徽,祁门县内。
外形紧结,乌黑泛光。
香气浓郁,似蜜糖青。
汤色红艳,味道浓厚。
强烈醇和,回味隽永。

(8)都匀毛尖:产于贵州,都匀县境。
嫩绿匀齐,细小短薄。
芽叶初展,形似雀舌。
毫毛显露,色泽绿润。
香气清嫩,新鲜回甜。

(9)铁观音茶:产于福建,安溪县域。
叶重如铁,美如观音。
呈螺旋形,色泽砂绿。
青绿红边,茶都带枝。
有兰花香,汤色金黄。

(10)武夷岩茶:产于福建,崇安县里。

条索肥壮，紧结匀整。
叶底两色，三红七绿。
汤色橙黄，润滑爽口。
大红袍茶，为其珍品。

6. 中国十大名酒排行榜

第一名：贵州茅台酒（酱香型酒）
历史悠久，贵州茅台；万国博览，多次获奖。
高粱为料，小麦成曲；八次发酵，九次蒸馏。
勾兑调配，三年以上；酒质醇香，绵软柔和。
生产过程，五年之久；风格独特，酱香型酒。
酒液纯净，透明醇馥；微有黄色，酱香突出。
口味幽雅，酒体丰满；盛世名流，国酒永恒。

第二名：四川五粮液（浓香型大曲酒）
浓香型酒，典型代表；传统工艺，五粮酿制。
独特风格，酒类精品；千年酒都，宜宾象征。
香气悠久，味道醇厚；入口甘美，入喉清爽。
各味谐调，恰到好处；独特风格，酒类精品。
国家名酒，驰名商标；多次获取，巴拿马奖。
博览会酒，唯一金奖；三十二枚，国际金奖。

第三名：四川郎酒（香型白酒）
郎酒产地，风水宝地；赤水河畔，二郎滩地。
环境独特，微生物多；复杂组合，多种芳香。
自然形成，独特品位；天然酒库，储藏郎酒。
酒醇更好，老熟更快；精湛酿制，香气更佳。
酿制工艺，艰难曲折；细致周密，精湛考究。
回沙方式，无法效仿；白酒酿造，周期最长。

第四名:四特酒(特香型白酒)

江西四特,酒史悠久;王道之酒,中国名酒。

四特土烧,唐代就有;《天工开物》,记载其艺。

古法工艺,三进四出;大米大曲,原料优质。

矿泉酿造,精心勾兑;久贮而成,风味独特。

发酵期中,技术性强;出酒率高,质量稳定。

白酒行业,自成体系;酒味特香,著称于世。

第五名:江苏洋河大曲(浓香型大曲酒)

历史悠久,三百多年;名酒产地,必有佳泉。

江苏宿城,佳泉酿制;清凉甘甜,独特风格。

大曲酒液,无色透明;酒香醇和,味净突出。

入口甘甜,落口柔绵;微软爽净,回味香辣。

闻名中外,名扬天下;江淮白酒,卓越代表。

闻香下马,知味停车;酒味冲天,味占江南。

第六名:陕西西凤酒(凤香型白酒)

文化名酒,古老历史:陕西凤翔,著名酒乡。

醇香典雅,甘润挺爽;诸味协调、尾净悠长。

烧坊边地,满城飘香;酿酒业兴,清末盛名。

无色透明,醇香芬芳;清而不淡,浓而不艳。

清香浓香,融为一体;诸味协调,风格独特。

五味俱全,各不出头。白酒典型,适应大众。

第七名:四川剑南春(浓香型白酒)

中国名酒,产于绵竹;环境特异,灵气无穷。

天益老号,文化传承;工艺独特,结合科技。

水谷清华,香气幽雅;醇厚谐调,绵甜爽净。

回味悠长,风格独特;酒体丰满,完美幽雅。

自古浓香，一枝独秀；风华绝世，易地难制。
特选原料，天工开物；琼浆玉液，国色天香。
第八名：四川泸州老窖（浓香型白酒）
泸州老窖，国宝窖池；浓香型酒，典型代表。
历史久远，始于秦汉；明代万历，酒艺成型。
优质高粱，主要原料；小麦制曲，大曲特殊。
龙泉酿造，传统工艺；标准固定，风格独特。
无色透明，窖香浓郁；清洌甘爽，回味悠长。
浓香醇和，味甜味长；四大特色，中外名扬。
第九名：山西汾酒（清香型白酒）
清香型酒，典型代表；工艺精湛，源远流长。
文化深厚，知名度高；悠久历史，三次辉煌。
博览会上，金质大奖；蜚声于世，为国争光。
优质泉水，取之不竭；美丽传说，得造花香。
名酒技艺，工艺独特；七大秘诀，科学领先。
第十名：贵州董酒（大曲香型优质白酒）
贵州遵义，革命圣地；出产董酒，国家名酒。
香型独特，多种工艺；品质优良，国际金奖。
董酒无色，清澈透明；香气幽雅，柔绵醇和。
淡雅药香，爽口微酸；入口醇和，饮后甘爽。
芳香奇特，独树一帜；中国白酒，典型代表。
贵州名酒，茅台董酒；文化深厚，中华瑰宝。

7. 喝酒如今有新说

如今喝酒有绝招，常换牌子档次高。
每年牌子都更新，造假之人弄不清。
秦池古酒竹叶青，上世纪末也流行。

如今经济大发展，喝酒档次要紧跟。
天天进财天天笑，喝酒就喝泸州窖。
请客宴席有茅台，心想事成好运来。
有事请贵人出力，最好请喝五粮液。
江苏洋河大曲酒，招待同事显身手。
古井贡酒西凤酒，朋友聚会情意有。
遇有烦恼要解愁，古诗告之有杜康。
清明时节雨纷纷，汾酒文化思古人。
做人低调不张狂，喝酒就喝蒙古王。
红花郎酒剑南春，结婚宴席添喜庆。
小糊涂仙容易醉，醉不上头很好睡。
还有四特和董酒，继承革命好传统。
名酒集团新品牌，年关喝酒很实在。
法国人头马一开，升官发财好事来。
送礼不送脑白金，敬送老人黄金酒。
莫高干红拉菲酒，女士团聚会朋友。
青岛啤酒王老吉，男女老少都皆宜。

三、导游接好游客经验谈

（一）导游接好自驾车的方法

（1）了解行程，熟悉线路，力求顺畅，仔细研究。

（2）锁定目标，把握方向，以熟知生，从大到小。

(3)先远后近，先难后易，科学安排，优质服务。
(4)不懂就问，多方请教，地图在手，查看仔细。
(5)远导游客，东南西北，车导游客，前后左右。
(6)临行之前，成竹在胸，计划仔细，准备充分。
(7)宣传资料，辅助工具，强化游客，游览兴趣。
(8)沿途讲解，互动交流，触景生情，题材丰富。
(9)游览景点，重点强调，表达清楚，特色突出。
(10)讲解优美，引人入胜，讲解景点，耐人寻味。
(11)引导审美，有始有终，服务热情，贯穿全程。
(12)眼观六路，耳听八方，投其所好，有问有答。
(13)科学安排，灵活机动，确保游客，轻松愉快。
(14)行程距离，数据准确，把握时间，行程流畅。
(15)行车安全，尤为重要，帮助司机，解除烦躁。
(16)主随客便，尊重客人，游客选择，仅供参考。
(17)认真仔细，富有主见，相信自己，专业服务。
(18)签单买票，听从计调，收取团款，绝对重要。
(19)游客加点，签订协议，游客评语，重要凭据。
(20)经济效益，极为重要，社会效益，不容忽视。
(21)留下通信，交上朋友，外联交往，奠定基础。
(22)注重总结，积累经验，理论实践，快速进步。
(23)处处留心，养成习惯，多看多记，多听多说。
(24)照顾游客，关心到位，服务游客，诚信专业。
(25)充满灵气，朝气蓬勃，做好导游，多元发展。

(二)导游与游客的交往艺术

亲近游客，自然轻松；赞美游客，友好沟通；

笑话故事，幽默适中；服务周到，认真用功；
服务流程，不紧不松；注意细节，有始有终；
特色服务，超越时空；超常服务，补错立功；
尊老爱幼，优良作风；计划周密，成竹在胸；
知识渊博，态度谦恭；讲解服务，游客称颂。

（三）导游合理合法加点的技巧

（1）导游加点，方法很多；学习总结，提高技能。
（2）综合技能，实践先行；讲解促销，基础打牢。
（3）多看多走，熟悉景点；体验较多，讲解出奇。
（4）计划景点，优质第一；优质服务，加点前提。
（5）加点促销，热情要高；增强自信，引人入胜。
（6）促销积极，游客乐意；安排合理，游客认可。
（7）准备充分，计划周密；超常服务，游客愿意。
（8）增加景点，资料齐备；辅助讲解，生动有趣。
（9）游客需要，尤为重要；全陪支持，领队配合。
（10）加点内容，特色不同；安排科学，大家满意。
（11）加点丰富，促销有术；多套组合，灵活选用。
（12）因人因团，因时因地；科学合理，安排各异。
（13）客人沉闷，调节气氛；客人高兴，促销加劲。
（14）游客不和，暂停解说；改变话题，另选场合。
（15）借题发挥，因势利导；灵活多变，讲究技巧。
（16）促销宣传，嘴巴要甜；言之有理，动之以情。
（17）讲解简短，号召力强；长篇大论，游客受累。
（18）以旧喻新，注重比较；说到重点，说出味道。
（19）促销加点，强调卖点；自然切入，耐人寻味。

(20)游客需要,投其所好;尊重多数,全部带动。

(21)加点促销,强调实惠;多看多听,令人心醉。

(22)收费公道,易见成效;及时收取,早收为妙。

(23)捆绑销售,薄利多销;重点销售,价可偏高。

(24)售前热情,售中紧跟;售后追寻,服务公平。

(25)加点促销,品质要高;游客满意,方为奇招。

四、地摊销售员笑话新编

(1)洪湖水啊浪打浪,不要担心上我当。
开心快乐大家好,到哪买的都一样。

(2)不骗人民不骗党,合格产品才出厂。
产品不合就出厂,很多工人就下岗。

(3)我说我的商品好,大家眼光是领导。
我的商品真奇妙,你们一看就知道。

(4)商品好坏你可试,品质优良不会次。
我如发财能致富,感谢今日你光顾。

(5)山外青山楼外楼,皮鞋脏了不用愁,
我的鞋油真是好,擦鞋光亮质量保。

(6)请朋友或请战友,总想在家露几手。
这种菜刀买回家,什么好菜切成花。

(7)这种好货折不坏,要坏我赔你一百块。
我不是在卖饮料,拿你生命开玩笑。

(8)一个爹来一个娘,五个手指有短长。
粗看商品有差异,其实品质都优良。
(9)看咱包装和外形,又赶时髦又流行;
不同萝卜和青菜,个个市场有得卖。
(10)买货靠的是眼力,搓麻靠的是手气;
火车靠的是拉力;卖梳子靠的是信誉。
(11)长江水啊浪涛涛,我的商品品质高;
长江水啊浪打浪,买咱东西不上当。
(12)说得美来夸得大,就让事实来说话;
说金杯来说银杯,不如顾客的口碑。
(13)出门坐车有车票,三峡游船要船票;
我的商品有商标,全国各地都畅销。
(14)真金不怕火炼,好产品不怕检验;
二十多年用不坏,包你越用越可爱。
(15)要买就要赶快买,机会不会天天在;
好货不是天天有,该出手时就出手。
(16)不讲价来不还价,讲价还价欺骗大;
厂家直销利大家,减少很多中间价。
(17)一百块钱不算贵,不用开个家庭会。
一百块钱不算多,请客吃饭不好说。
(18)人人使来人人用,平时想买难得碰。
别前怕狼后怕虎,大事小事不做主。
(19)我在做来你在看,你眼在看又在算;
货比三家不吃亏,包你满意又划算。
(20)买上一盒送父母,养育之恩补一补;
买上一包送亲朋,相互之间都光荣。

(21)买回家送丈母娘,她赞女婿比儿强;
送亲朋来送知己,送谁都忘不了你。

(22)出门老婆有交代,少喝酒来多吃菜;
买回东西人人爱,老婆接到大门外。

(23)你哥买了送大嫂,大嫂美得不得了;
高高兴兴买回家,就像送上玫瑰花。

(24)要想看稀奇古怪,看孙悟空打妖怪;
看猪八戒谈恋爱,(你)见过刀子这么快。

(25)这十块钱没用完,剩下三块往回找;
三块钱你可收好,别让小偷给偷跑。

(26)不信天就不信地,不能不信高科技;
玩的是飞檐走壁,还会叫人头落地。

(27)有人跳舞喝过酒,搂个小姐亲两口;
三百五百他都有,买物不舍得出手。

(28)买马就得买跑的,娶媳妇是敬二老的;
买东西就要买好的,带回家是实用的。

(29)说你真是眼光好,今后定能当领导;
说你真是胆子大,将来定能闯天下。

(30)不到长城非好汉,(你)不买东西很遗憾;
买飞机来送大炮,不送就是骗大众。

(31)光有微笑没钞票,证明大家都需要;
大家听我来介绍,要买就要先知道。

五、祖国处处好风光

（一）

祖国山河无限美，全靠导游一张嘴；
好山好水好心情，快乐旅游中国人。

（二）

有山无水单调，有水无山枯燥；
有山有水奇妙，自然和谐美妙。

（三）

上关花，下关风，下关风吹上关花；
苍山雪，洱海月，洱海月照苍山雪。

（四）

江南三大名楼游，湖北武汉黄鹤楼；
江西南昌滕王阁，湖南岳阳岳阳楼。

（五）

洛阳地脉花最宜，牡丹尤为天下奇；
广州春春有花市，各种名花比较齐。

（六）

青藏高原青海湖，杭州美景看西湖；
桂林两江连四湖，济南神秘大明湖。

（七）

五台山和峨眉山，九华山和普陀山；
皆为佛教大名山，风光奇特不一般。

（八）

桂林山水云南石林，吉林雾凇长江三峡；
中国四大自然奇观，旅游胜地名扬天涯。

（九）

有幸观赏香山红叶，选择北京秋天季节；
登泰山一览众山小，石有灵性实为奇巧。

（十）

山清水秀洞奇石美，四大特色桂林山水；
奇松怪石云海温泉，黄山四绝美名流传。

（十一）

最古老寺院白马寺，最古老建筑紫禁城；
最古老道关永乐宫，最古老城池苏州城。

（十二）

飞雪长白山，避暑往庐山；
日出伫泰山，晚霞岳麓山；
奇秀峨眉山，奇险数华山；
道场武当山，寺群五台山；
水中普陀山，迷地虎丘山；
少林卧嵩山，伟人出韶山；
探宝祁连山，仙水罗天山；
云海恋黄山，红叶赏香山。

（十三）

入境广州，观车头；
飞抵桂林，观山头；
转至西安，观坟头；
游览北京，观墙头；
过往天津，观码头；
远足青海，观源头；
参拜西藏，观佛头；
古都南京，观石头；
醉游上海，观人头；
莫忘杭州，观丫头。

（十四）

九州岛大地，江水旖旎；
河川众多，各奔东西；
水绕四门，富饶美丽；

历史典故，不乏传奇；
今朝国盛，旅游兴起；
漂江赏色，猎奇探险。

（十五）

大鳇传名黑龙江，抗日圣地松花江；
中朝友谊图们江，抗美援朝鸭绿江；
勇者敢漂雅砻江，虎跳奇险金沙江；
民族风情澜沧江，欲望九寨上岷江；
润之昔年渡湘江，水美洞奇游漓江；
省名简称因赣江，船工号子嘉陵江；
百色起义在右江，柳州自然有柳江；
人口稠密环珠江，景美名美富春江；
年年观潮钱塘江，上海依恋黄浦江；
凌云大佛拢三江，屋脊雅鲁藏布江；
伟岸江河谁之最，华夏儿女颂长江。

（十六）

武汉有座黄鹤楼，它在云里雾里头。
四川有座峨眉山，离天只有三尺三。
桂林有条美漓江，秀丽无比世无双。
云南丽江有古城，民族浓郁多风情。
杭州有个美西湖，天生丽质胜画图。
苏州有个拙政园，园林代表天下传。
贵州有个黄果树，中国第一大瀑布。
湖南有座武陵源，奇山秀水紧相连。

安徽最美属黄山,奇松怪石露云端。
北京郊外明长城,民族精神永留存。
台湾有座阿里山,山高林茂路弯弯。
河南有个少林寺,武艺高强气盖世。
西安有座兵马俑,秦代文物很悠久。
广州长隆动物园,世间动物大致全。
山东济南趵突泉,地质奇观怪水源。
南京古都夫子庙,文化古老也奇妙。
上海外滩南京路,改革开放高速度。

六、祖国处处有三宝

(一)祖国各地三宝的传统说法

北京——象牙雕,景泰蓝,玉器玲珑看不完;
天津——小笼包,嫩鸭梨,糖炒栗子良乡奇;
上海——宝钢好,顾绣俏,五香豆出城隍庙;
河北——冀南棉,深州桃,沽源蘑菇品质好;
湖北——水杉树,印花布,来凤桐油能致富;
山西——繁峙铁,大同煤,杏花汾酒常相随;
陕西——关中驴,秦川牛,传统名产西凤酒;
江西——南丰橘,余江麻,景德瓷器世人夸;
广西——西瓜霜,山水画,合浦珍珠走天下;
内蒙古——蒙古马,包头钢,草原盛产好皮张;

新疆——哈密瓜,和田玉,土番葡萄甜如蜜;
西藏——江孜毯,拉萨靴,喀则氆氇手艺绝;
辽宁——抚顺煤,鞍山钢,岳成苹果甜又香;
吉林——紫貂皮,乌拉草,吉林人参天下晓;
黑龙江——漠河金,马哈鱼,冰城啤酒别样奇;
江苏——咸板鸭,镇江醋,苏绣工艺美名传;
浙江——杭州锦,龙井茶,金华火腿味道佳;
安徽——龙尾砚,徽墨好,泾县宣纸文房宝;
福建——文昌鱼,大桂圆,寿山石雕美名传;
台湾——甘蔗糖,细草席,防虫樟脑有香气;
河南——南阳牛,灵宝枣,许昌盛产好烟草;
湖南——湘妃竹,洞庭莲,吉首鬼酒美传香;
云南——普洱茶,玉溪烟,白药治伤似神仙;
广东——功夫茶,菠萝蜜,水果赚钱也容易;
山东——烟台果,莱阳梨,青岛啤酒数第一;
四川——鲜榨菜,自贡盐,天府花生辣又咸;
贵州——茅台酒,玉屏箫,安顺场上出三刀;
甘肃——阿曲马,天水瓜,兰州水烟像开花。

(二)神州“三宝”之歌

北京三宝:景泰蓝,象牙雕,北京烤鸭呱呱叫。
浙江三宝:杭州锦,龙井茶,金华火腿味道佳。
福建三宝:文昌鱼,大桂圆,寿山石雕美名传。
台湾三宝:甘蔗甜,细草席,防蛀樟脑有香气。
广东三宝:功夫茶,菠萝蜜,大香蕉呀更没比。
广西三宝:沙田柚,浔江鱼,合浦珍珠真美丽。

河南三宝:乐比梨,南阳牛,许昌烟叶真好抽。

湖南三宝:湘妃竹,洞庭莲,宁乡种猪各省传。

湖北三宝:来凤桐油,水杉树,还有著名印花布。

江西三宝:南丰橘,余江麻,景德镇瓷器世人夸。

安徽三宝:龙尾砚,徽墨好,泾县宣纸文房宝。

山西三宝:繁峙铁,大同煤,杏花村汾酒叫人醉。

内蒙古三宝:蒙古马,包头钢,草原盛产好皮张。

黑龙江三宝:漠河金,大马哈,大庆石油享天下。

吉林三宝:紫貂皮,鹿茸角,吉林人参天下晓。

辽宁三宝:抚顺煤,鞍山钢,熊岳城苹果甜又香。

陕西三宝:关中驴,秦川牛,传统名产西凤酒。

甘肃三宝:兰州水烟,河曲马,吃瓜要吃白兰瓜。

宁夏三宝:滩皮羊,同心草,宁夏枸杞称红宝。

青海三宝:麝香好,鹿茸高,名贵中药冬虫草。

新疆三宝:哈密瓜,和田玉,吐鲁番葡萄甜如蜜。

云南三宝:普洱茶,大理石,白药专把红伤治。

贵州三宝:茅台酒,玉屏箫,安顺场上出三刀。

四川三宝:鲜榨菜,自贡盐,天府花生粒粒满。

西藏三宝:江孜毯,拉萨靴,日喀则氆氇手艺绝。

七、中外历史知识歌谣

(一)中国历史年代歌

中国历史百万年,元谋猿人首开篇。
蓝田、北京人继后,双腿直立走世间。
大荔、丁村、马坝人,早期智人举世先。
柳江、资阳、山顶洞,晚期智人达顶峰。
河姆渡,半坡村,母系氏族财产均。
龙山、良渚、大汶口,男子掌权生私有。
考古史实须珍重,传说历史不可轻。
自从盘古开天地,女娲捏土造人类。
伏羲画卦燧人火,神农教稼创医药。
炎帝黄帝大联手,中华民族为先祖。
唐尧虞舜夏禹传,原始禅让至此绝。
夏朝之后是殷商,战国之前是春秋。
秦朝西汉与东汉,新莽夹在两汉间。
三国两晋南北朝,隋唐鼎盛达高潮。
五代十国灾难重,后接北宋和南宋。
北方西夏辽和金,建立元朝蒙古人。
朱明之后是大清,中华民国世更新。
无产阶级掌权舵,建立人民共和国。

（二）中国历史朝代歌

唐尧虞舜夏商周，
春秋战国乱悠悠，
秦汉相争立三国，
东西两晋南北朝，
南朝北朝是对头，
隋唐五代又十国，
宋金辽元明又清。

夏商与西周，东周分两段；
春秋和战国，一统秦两汉；
三分魏蜀吴，两晋前后延；
南北朝并立，隋唐五代传；
宋元明清后，王朝至此完。

（三）华夏全版图歌

两湖两广两河山，陕甘宁夏云贵川；
新疆西藏辽吉黑，浙苏福建通海南；
京津沪渝四直辖，内蒙古江西黄梅皖；
赢得华夏尽统一，港澳台湾合家欢。

（四）中华民族颂歌

青海的草原一眼看不完，
喜马拉雅山峰连到天边。
古圣先贤在这里建家园，
风吹雨打中耸立五千年。

我们伟大的中华民族啊，
经得起各种各样的考验。
只要黄河长江的水长流，
我们千秋万世直到永远。

（五）中华民族奋进之歌

一年年花开花落，冬去春来，草木又蓬勃；
一页页历史翻过，前浪远去，后浪更磅礴。
一座座火山爆发，天崩地裂，君王美梦破；
一顶顶皇冠落地，斗转星移，世事有新说。
一滴滴水滴石穿，粉身碎骨，志向永不舍；
一曲曲浩荡长歌，起伏回响，悲壮动心魄。
一代代仁人志士，救国救民，上下来求索；
一辈辈英雄好汉，前仆后继，热血染江河。
风吹过，雨打过，铁蹄践踏过；
火烧过，刀砍过，列强分割过。
抚摸着伤痕昂起头，
吞咽下屈辱心如火，
走过长夜，走过坎坷，走进曙色。

（六）中国历史歌谣

盘古开天地，女娲泥造人，华夏始炎黄，尧舜禹相传。
夏朝启至桀，商朝汤到纣，圣明周文武，姜尚周公辅。
西周封诸侯，天下尚礼义，周幽宠褒姒，平王迁东都。
东周分两段，春秋和战国，前有五霸争，后是七雄斗。
秦人灭六国，专制一统朝，嬴政称皇帝，抗暴陈胜起。

楚汉争为主，刘邦胜项羽，西汉都长安，泱泱东方国。
张骞通西域，卫霍抗匈奴，王莽建新朝，刘秀帝洛阳。
汉末天下乱，三国魏蜀吴，西晋统一短，东晋十六国。
分裂南北朝，民族隔江河，宋齐梁又陈，三魏北齐周。
隋文帝杨坚，再统大中华，隋炀帝暴政，天下皆起兵。
李渊太原反，开创大唐朝，太宗李世民，贞观盛世传。
武曌建大周，玄宗庆开元，安史启衰乱，黄巢入长安。
五代加十国，天下复大乱，宋祖赵匡胤，陈桥黄袍穿。
宋金合灭辽，金人俘徽钦，汴京迁临安，北宋变南宋。
蒙古铁木真，一统大草原，汗号成吉思，铁骑踏欧亚。
忽必烈建元，灭金灭宋朝，布衣朱元璋，反元建明朝。
庙号明太祖，定都在南京，成祖夺侄位，迁都北京城。
明朝三百年，前后十六帝，郑和下西洋，戚继光抗倭。
闯王李自成，起义占北京，满人兴东北，入关称大清。
清朝十二帝，最盛康雍乾，清末国力衰，外敌纷入侵。
辛亥革命起，中华民国立，国父孙中山，废除宣统帝。
军阀大混战，北伐得统一，日寇侵中华，杀戮我同胞。
艰难打八年，抗战终胜利，国共内战毕，蒋氏逃台湾。
一九四九年，人民共和国，主席毛泽东，总理周恩来。

（七）世界历史歌谣

三四百万年之前，非洲南方有古猿。
进化成人四阶段，三色人种齐繁衍。
原始社会生存难，氏族部落结成团。
母系父系来更替，后期战俘变奴隶。
私有财产渐出现，掠夺战争日频繁。

设立政府与军队，原始解体国家建。
大河流域多文明，四大古国史齐名。
埃及奇迹金字塔，古巴比伦有法典。
印度种姓等级严，中国文明几千年。
文明之源在希腊，城邦雅典斯巴达。
伯利克里达全盛，民主政治到高峰。
五零九前建罗马，布匿地中海称霸。
元前二十七屋大维，罗马帝国真强大。
大和兴起搞扩张，统一日本称天皇。
大话改新新主张，过渡封建仿隋唐。
穆罕默德麦地那，政教合一建国家。
陆叁零年讨麦加，两年之后统一阿拉伯。
西欧社会等级严，查理·马特兴改革。
君主接受基督教，教会教皇权力大。
西欧城市重兴起，阶级矛盾日尖锐。
穷兵黩武拜占庭，千年帝国终灭亡。
波斯帝国形成后，出征希腊挑战争。
东西文明大碰撞，并立共存齐繁荣。
亚历山大来东征，罗马扩张战乱生。
疆域均跨欧亚非，双重评价要认清。
陆海商路东西方，阿拉伯人奔走忙。
传播文明创数字，东西交往架桥梁。
马可·波罗在元廷，考察风土和人情。
“行记”一书传欧洲，开辟航路利千秋。
现代文字之先祖，象形楔形和字母。
印度释迦牟尼佛，忍耐服从重因果。

巴勒斯坦生耶稣，忍受苦难救世主。
穆罕默德信真主，宗教皆为政治辅。
阿基米得古希腊，杠杆浮力两定律。
《荷马史诗》赞英雄，《俄狄浦斯王》泪泉涌。
《天方夜谭》故事多，描述社会与生活。
著名建筑清真寺，巴黎圣母大教堂。
文艺复兴意大利，人文兴起大变异。
但丁《神曲》批天主，《蒙娜丽莎》达·芬奇。
文化思想新主张，资本主义透曙光。
一四九二哥伦布，发现美洲新大陆。
世界开始连整体，资本发展做奠基。
公元一六四零年，查理一世挑内战。
克伦威尔败王军，查理断头共和建。
二世复辟人自危，一六八八宫廷变。
《权利法案》限王权，君主立宪资统建。
资本主义扫清路，世界近代史开端。
一七七五四月间，来克星顿战火燃。
转年七月发《宣言》，美国诞生争主权。
萨拉托加转折点，独立战争整八年。
一七八七制宪法，三权分立联邦建。
“美国之父”华盛顿，功德兼备后世传。
一七八九七月间，巴士底狱被攻占。
革命形势快发展，资产阶级掌政权。
《人权宣言》争人权，私有财产不可犯。
三年之后共和建，路易十六被处斩。
领导罗伯斯庇尔，高潮结束九四年。

摧毁封建之统治，自由民主广流传。
一七九九拿破仑，雾月政变夺政权。
巩固统治颁《法典》，侵略扩张抢地盘。
一八一二遭惨败，两年之后赶下台。
莫论时势造英雄，功过自有后世评。
英国哈格里夫斯，手摇纺纱珍妮机。
方便有效新动力，瓦特改进蒸汽机。
史蒂芬森造火车，始创“汽船”富尔顿。
社会面貌大变化，西方先进东方差。
葡西英法殖民国，强占土地搞掠夺。
贩奴利润数巨额，三角贸易恶满河。
英国号称日不落，洗劫印度大恶魔。
资本主义快发展，血腥积累成强国。
印度民族大起义，章西女王高举旗。
不畏强暴勇抗击，壮烈牺牲传后世。
玻利瓦尔率军队，横扫南美殖民地。
英勇驱逐西班牙，葡属巴西也独立。
英国宪章普选权，工人革命开新篇。
马恩《共产党宣言》，科学理论是指南。
巴黎公社建政权，《国际歌》曲广流传。
民族危亡冲在前，视死如归义凛然。
美国南北制不同，奴隶废存争不停。
林肯当选为总统，南北战争乃发生。
《解放宣言》一发表，南败北胜战局定。
国家统一得维护，发展障碍被扫清。
一六八一有沙俄，亚历山大兴改革。

解放农奴大转折，改革实质是掠夺。
日本民族危机生，明治天皇改革兴。
政治经济皆变更，国富兵强搞扩张。
电气时代新发展，美国德国走在前。
发明大王爱迪生，研制耐用碳丝灯。
本茨设计内燃机，应用汽车与飞机。
陆海航空皆通行，人类科技攀高峰。
政治经济不平衡，帝国主义矛盾生。
同盟协约相对立，分割世界挑战争。
萨拉热窝导火线，奥匈帝国先宣战。
典型战役凡尔登，欧非亚太战场增。
死伤人数三千万，人类空前大灾难。
封建专制到末端，思想启蒙火种燃。
抨击教会伏尔泰，自由平等走在前。
自然科学大发展，牛顿功高根基奠。
《物种起源》达尔文，物竞天择适者存。
爱因斯坦相对论，原子时代打开门。
成由勤奋贵谦逊，献身科学利后人。
德国音乐贝多芬，《英雄交响曲》传至今。
施特劳斯父子俩，圆舞乐坛记功勋。
托尔斯泰生俄国，《战争》《安娜》与《复活》。
荷兰凡·高《向日葵》，勤奋求实勇探寻。

八、中国旅游名胜趣谈

（一）中国之最

中国迄今发现的最早的人类——云南元谋人。

中华汉民族始祖陵——炎帝和黄帝陵。

天下第一家——孔府。

中国第一个海军基地——刘公岛。

中国现存最古老的房屋建筑——郭氏墓石祠。

中国现存世界最大的宫殿建筑群——北京故宫。

中国最大的九龙壁——大同九龙壁。

中国最大的帝王行宫——承德避暑山庄。

中国最奇特的建筑群——恒山悬空寺。

中国现存世界海拔最高的古代宫殿——布达拉宫。

中国现存最长的古城墙——明朝南京城墙。

中国最小的城池——团城。

中国最早最大的国际性城市——唐朝长安城。

中国桥梁最多的城市——苏州。

中国保存最完好的古城——平遥古城。

中国现存木结构建筑最多的省——山西。

中国保存最完整的古代县衙——河南省内乡县衙。

中国保存最多最完整的古民居群——皖南民居。

中国现存世界一流的生土建筑——闽西南土楼。

中国最大的牌坊群——安徽省棠越牌坊群。

中国最大的坛庙建筑群——北京天坛。

中国最长的边城——万里长城。

中国现存世界最早的敞肩石拱桥——河北省赵州桥。

中国古代最著名的连拱石桥——北京卢沟桥。

中国最大的塔群建筑——河南少林寺塔林。

中国最大的木构古塔——山西应县木塔。

中国现存最早最完整的石塔——山东济南四门塔。

中国最著名的仿林木结构砖塔——河南开封铁塔。

中国最大的皇帝陵墓群——北京明十三陵。

中国年代最早保存最完整的悬棺墓葬——江西鹰潭仙水岩崖墓群。

中国最大的家族墓地——山东曲阜孔林。

中国出土文物最多的陵墓——陕西秦始皇陵兵马俑。

中国迄今发掘出的最早的女尸——湖北马王堆汉墓女尸。

中国最大的殉马墓群——山东临淄殉马坑。

亚洲最大的恐龙化石——内蒙古锡林郭勒盟查干诺尔龙。

中国最大的石窟——山西云冈石窟。

中国最高的经幢——河北赵州陀罗尼经幢。

中国最大的武庙——山西解州关帝庙。

中国最早的佛教寺院——河南白马寺。

中国最大的木雕佛——河北承德大悲金刚菩萨。

中国最大的独木雕立佛——北京雍和宫弥勒佛。

中国现存最大的泥塑佛——河北蓟县独乐寺观音。

中国最大的镀金铜佛像——西藏日喀则扎什伦布寺强巴佛。

中国手眼最多的石刻观音——四川大足千手观音。

中国最大的室内卧佛——甘肃张掖大佛。

(二)中国二十一座最具魅力城市

最大气的城市——北京。

最古朴的城市——西安。

最奢华的城市——上海。

最女性化的城市——杭州。

最精致的城市——苏州。

最温馨的城市——厦门。

最男性的城市——大连。

最富裕的城市——广州。

最悠闲的城市——成都。

最令人感怀的城市——台北。

最具流动感的城市——武汉。

最伤感的城市——南京。

最神秘的城市——拉萨。

最辛苦的城市——香港。

最浪漫的城市——珠海。

最多美女的城市——重庆。

最有欲望的城市——深圳。

最具自然魅力的城市——桂林。

最会做广告的城市——昆明。

最能说善道的城市——天津。

最具东西文化交流色彩的城市——澳门。

(三)旅游名胜"七十二"

北京关沟七十二景。

北京故宫七十二口水井。

北京故宫占地七十二万平方米。

北京故宫角楼计有七十二横脊。

北京天坛长廊共有七十二间。

北京天坛祈年殿计有七十二脊。

山东泰山历史上先后有七十二个皇帝登封。

山东济南七十二泉。

山东曲阜孔子七十二弟子。

湖南洞庭湖君山由七十二座大小山峰组成。

湖南衡山由七十二座山峰组成。

河北承德避暑山庄内共有七十二景。

陕西关中历史上先后有七十二个皇帝下葬。

江苏太湖共有七十二座山峰。

安徽黄山共有七十二座山峰。

山西平遥古城墙共有七十二堞楼。

元代帝王统治中国七十二年。

广州有黄花岗七十二烈士陵园。

(四)中国旅游中的"四"

四大名楼:

岳阳楼、黄鹤楼、滕王阁、鹳雀楼。

四大书院：

湖南岳麓书院、江西白鹿洞书院、河南嵩阳书院、河南商丘应天书院。

四大瀑布：

贵州黄果树瀑布、吉林长白山瀑布、山西壶口瀑布、黑龙江吊水楼瀑布。

四大天池：

新疆天山天池、吉林白头山天池、青海孟达天池、浙江天目山天池。

四大名泉：

山东济南趵突泉、江苏镇江中冷泉、浙江杭州虎跑泉、江苏无锡惠山泉。

四大鸟岛：

青海省海西皮岛、广东省东沙岛、辽宁省大连百鸟岛、山东省车由岛。

四大石林：

云南石林、浙江淳安石林、福建大湖石林、四川兴文石林。

四大名亭：

北京陶然亭、安徽醉翁亭、湖南爱晚亭、浙江兰亭。

四大菜系：

鲁菜、川菜、粤菜、淮扬菜。

四大鸣吵山：

宁夏中卫沙坡头、甘肃敦煌鸣沙山、内蒙古包头响沙湾、新疆巴里坤鸣沙山。

四大避暑胜地：

河北北戴河、江西庐山、河南鸡公山、浙江莫干山。

四大名园：

北京颐和园、承德避暑山庄、苏州拙政园、苏州留园。

四大碑林：

陕西西安碑林、北京孔庙碑林、四川西昌地震碑林、山东曲阜碑林。

四大无字碑：

山东泰山秦代无字碑、陕西乾陵唐代无字碑、苏州玄妙观宋代无字碑、北京十三陵无字碑群。

四大醉石：

安徽黄山李太白醉石、湖北黄冈苏东坡醉石、江西九江陶渊明醉石、福建福州戚继光醉石。

四大无梁殿：

北京天坛斋宫、南京灵谷寺、苏州玄妙观、山西永济万固寺。

四大铜建筑：

北京颐和园宝云阁、云南昆明金殿、湖北武当山金殿、山西五台山铜殿。

四大古城墙：

南京明城墙、陕西西安城墙、湖北荆州古城墙、山西平遥古城墙。

四大古石桥：

河北赵州桥、福建泉州洛阳桥、江苏苏州宝带桥、北京卢沟桥。

四大宫殿：

北京故宫太和殿、山东曲阜孔庙大成殿、山东泰山天贶殿、山西大同华严寺大雄宝殿。

四大回音壁：

北京天坛回音壁、四川潼南石磴琴声、山西永济莺莺塔、河南郏县蛤蟆塔。

四大古观象台：

河南洛阳阳灵台、河南登封观星台、河南商丘火星台、北京古观象台。

四大铁塔：

广州光孝铁塔、湖北当阳玉泉寺铁塔、山东济宁崇觉寺铁塔、山东聊城铁塔。

四大双塔：

辽宁北镇县双塔、宁夏银川拜寺口双塔、泉州开元寺双塔、四川达县真佛山双塔。

四大斜塔：

苏州虎丘塔、南京定林寺塔、辽宁绥中塔、上海护珠塔。

四大古塔：

河南登封崇岳塔（砖质）、山西应县佛宫塔（木质）、山东济南四门塔（石质）、河南开封铁塔（琉璃陶质）。

四大金刚宝座塔：

呼和浩特五塔寺五塔、北京正觉寺五塔、北京碧云寺五塔、四川彭县彭山五塔。

四大高原：

青藏高原、黄土高原、内蒙古高原、云贵高原。

四大领海：

渤海、黄海、东海、南海。

四大盆地：

新疆准噶尔盆地、新疆吐鲁番盆地、四川盆地、新疆柴达木盆地。

四大沙漠：

塔克拉玛干沙漠、古尔班通古特沙漠、巴丹吉林沙漠、腾格里沙漠。

四极之地：

黑龙江抚远县黑龙江与乌苏里江汇合处（东）、南海南沙群岛曾母暗沙（南）、新疆乌恰县帕米尔高原中苏边界（西）、漠河黑龙江主航道中心线（北）。

中国四渎：

长江、黄河、淮河、济水。

四大岛屿：

台湾岛、海南岛、崇明岛、舟山岛。

四大名镇：

湖北汉口镇、江西景德镇、广东佛山镇、河南朱仙镇。

四大雨都：

重庆、四川雅安、台湾基隆、海南儋州市。

四大风城：

新疆达坂城、四川江源溪城、台湾新竹市、云南大理下关镇。

四大古代水利工程：

广西灵渠、四川都江堰、京杭大运河、新疆坎儿井。

四大人口稠密区：

沪宁杭地区、珠江三角洲地区、成渝地区、京津地区。

四大进藏公路：

青藏公路、滇藏公路、新藏公路、川藏公路。

四大淡水湖：

鄱阳湖、洞庭湖、太湖、洪泽湖。

新世纪四大工程：

西气东送、西电东输、南水北调、青藏铁路。

四大名观：

陕西周至楼台观、江苏苏州玄妙观、北京白云观、山西芮城永乐宫。

四大名塔：

河南登封崇岳塔、杭州六和塔、西安大雁塔、山西应县佛宫塔。

四大佛教名山：

山西五台山、安徽九华山、浙江普陀山、四川峨眉山。

四大道教名山：

江西龙虎山、江西三清山、四川青城山、湖北武当山。

四大石窟：

甘肃敦煌莫高窟、甘肃天水麦积山石窟、河南洛阳龙门石窟、山西大同云冈石窟。

四大佛教丛林：

山东长清灵岩寺、江苏南京栖霞寺、浙江天台国清寺、湖北当阳玉泉寺。

四大佛教名寺：

嵩山少林寺、洛阳白马寺、泉州开元寺、杭州灵隐寺。

四大五百罗汉：

北京碧云寺、杭州庆云寺、昆明筇竹寺、武汉归元寺。

四大伊斯兰教名寺：

新疆喀什艾提尕尔清真寺、吐鲁番苏公塔、广州怀化寺、福建泉州清净寺。

四大文庙（孔庙）：

山东曲阜孔庙、北京孔庙、台北孔庙、浙江衢州孔庙。

四大妈祖庙：

福建莆田妈祖庙、台湾澎湖妈祖庙、台湾彰化妈祖庙、台湾鹿港妈祖庙。

四大名医纪念地：

陕西耀县药王山孙思邈祠、河南南阳张仲景医圣祠、安徽亳州华佗庵、湖北蕲春李时珍墓。

四大年画之乡：

天津杨柳青、山东潍坊、江苏苏州桃花坞、广东佛山。

初唐四杰：

王勃、骆宾王、杨炯、卢照邻。

宋代四大家：

蔡襄、苏轼、黄庭坚、米芾。

四大先祖纪念地：

山西临汾尧帝庙、湖南宁远舜帝陵、陕西黄陵黄帝陵、湖南炎陵炎帝陵。

四大民间故事传说游览地：

河北山海关（孟姜女寻夫）、江苏宜兴（梁山伯与祝英台）、湖北荆州（牛郎织女）、杭州西湖（白蛇传）。

四大美女纪念地：

呼和浩特昭君墓、陕西兴平杨贵妃墓、山西忻州貂蝉故里、浙江绍兴西施故里。

清代四大名妓：

陈圆圆、小凤仙、董小婉、赛金花。

四大名砚：

广东肇庆端砚、安徽歙县歙砚、甘肃临洮河砚、山西澄水澄泥砚。

四大药店：

北京同仁堂、杭州胡庆余堂、汉口叶开泰、广州陈李济。

四大药都：

安徽亳州、河南禹州、河南辉州、河北安国。

四大瓷都：

福建德化、江西景德镇、湖南醴陵、河北唐山。

四大名绣：

湖南湘绣、四川蜀绣、广东粤绣、江苏苏绣。

文房四宝：

浙江湖州湖笔、安徽歙县徽墨、安徽泾县宣纸、安徽歙县歙砚。

黄山四绝：

奇松、怪石、云海、温泉。

四大水果产地：

台湾高雄、甘肃兰州、新疆吐鲁番、福建龙海。

四大玉石产地：

河南独山玉、辽宁岫玉、新疆和田玉、陕西蓝田玉。

九、世界旅游名胜趣谈

(一)建筑之最

世界上最高大的金字塔是埃及胡夫金字塔。

世界上装饰最精美的教堂是意大利米兰的杜姆大教堂。

世界上最高楼宇是中国台北 101 大楼。

世界上房间数目最多的是莫斯科大学建筑。

世界上最长的桥是美国路易斯安那州的庞特卡湖大桥。

世界上最长的地下街是日本大阪的虹街。

世界上最大的工程是中国的万里长城。

世界上最长的现代化铁路、公路两用桥是南京长江大桥。

世界上现存最大、最古老的木结构建筑是山西应县佛塔。

世界上最大的宫殿建筑群是北京故宫。

(二)地铁之最

世界最早的地铁是伦敦的地下铁道。

世界最长的地铁是纽约地铁。

世界最短的地铁是土耳其伊斯坦布尔地铁。

世界最高的地铁是墨西哥城地铁。

世界最长的地铁车站是美国芝加哥地铁车站。

世界上最深的地铁是朝鲜平壤地铁。

世界上最浅的地铁是中国天津地铁。

世界上层次最多的地铁是法国巴黎的地铁。

世界上车速最快的地铁是美国旧金山地铁。

世界上最长的地铁列车是日本东京地铁列车。

（三）天气之最

世界上降雪最多的地方是美国加州的沙斯塔山滑雪场。

世界上气温变化最大的地方是美国蒙大拿州的布朗宁。

世界上气温最稳定的地方是巴西的费尔南多德诺罗尼亚岛。

世界上最寒冷的地方是俄罗斯西伯利亚的东北部。

世界上最炎热的地方是利比亚的艾尔。

世界上晴天最多的地方是阿拉伯的撒哈拉沙漠。

世界上黑夜最多的地方是地球的北极。

世界上最干燥的地方是智利的阿塔卡马沙漠。

世界上日降水量最大的地方是印度洋留尼汪岛上的塞拉奥斯。

（四）七大洲的第一峰

亚洲第一峰:珠穆朗玛峰。

欧洲第一峰:俄罗斯的厄尔布鲁士西峰。

非洲第一峰:坦桑尼亚的乞力马扎罗山。

北美洲第一峰:阿拉斯加南部的麦金利南峰。

南美洲第一峰:安第斯山脉东部的汉科乌马山。

南极洲第一峰:文森山。

大洋洲第一峰:查丑峰。

(五)世界旅游猎奇篇

1. 中外奇石

显字石、身怀六甲石、晴雨变色石、会生长的活石、会走路的怪石、能做船的石、能榨油的石、能做饲料的石、能解毒的石、香石、臭石、怕氧石、生长石、音乐石、五官石、碰香石、八香石、水漂石、五彩石、毛石、钟石、琴石、风动石、会哭的石、自爆的石。

2. 世界上奇特的城市

世界上有些城市因奇特的气候,或因迷人的风光景色,或因盛产某种特产和矿藏而闻名于世:

世界水城:意大利的威尼斯。

世界旱城:秘鲁首都利马。

世界花园都市:保加利亚首都索非亚。

世界万塔城:缅甸文化古城蒲甘。

世界壁画之都:墨西哥首都墨西哥城。

世界音乐之都:奥地利首都维也纳。

世界蛇城:意大利的哥酋洛。

世界鞋都:捷克斯洛伐克的哥特瓦尔德夫。

世界黑金城:巴西的里卡镇。

世界石油城:伊拉克的石油城。

世界钻石城:比利时的安特卫普。

世界石膏城:美国的芝加哥市。

世界印刷城:德国的新海德堡市。

世界鲜花城:阿根廷的艾斯克瓦尔市。

世界五彩城:中国新疆的准噶尔盆地。

世界雨城:印度阿萨姆乞拉朋齐城。

世界酒城:德国慕尼黑城。

世界地下城:意大利的那不勒斯城。

世界会行走的城市:蒙古的首都乌兰巴托。

世界汽车城:美国底特律。

3. 世界上别有情趣的街

书店街:日本东京有三条书店街。

音乐街:奥地利维也纳有条音乐街。

报业街:英国伦敦中河畔有一条与河滨路相连的报业街。

象牙街:扎伊尔的基桑加尔市有一条象牙街。

钻石街:纽约有一条钻石街。

恋爱街:波黑古都奥赫里德城有一条用石子铺成的恋爱街。

石桥街:意大利威尼斯的阿托大理石桥构成的街。

风筝街:日本的九州有一条专门销售风筝的街。

特长街:阿根廷布宜诺斯艾利斯的里条瓦达恩奥街。

超净街:瑞士苏黎世的巴河夫街。

雪雕街:加拿大魁北克有条圣苔丝街。

鲸骨街:太平洋沿岸的蒙特勒不城里有几条街都是用鲸骨铺设而成的街。

4. 世界上奇特的博物馆

钻石博物馆——南非庆伯利有一座钻石博物馆。

沙漠博物馆——美国沙洛那博物馆是一座沙漠博物馆。

古堡博物馆——英国有古堡博物馆。

金厂博物馆——南非皇冠矿区有一座金矿博物馆。

乡村博物馆——罗马尼亚有座乡村博物馆。

昆虫博物馆——美国华盛顿有一座昆虫博物馆。

厕所博物馆——日本香川建立了一家厕所博物馆。

告示博物馆——德国慕尼黑有一家告示博物馆。

车祸博物馆——在法国巴黎有一座发人深省的车祸博物馆。

皮影博物馆——在德国奥芬巴赫市有座皮影博物馆。

酱油博物馆——德国的波恩有一家酱油博物馆。

风车博物馆——德国的吉夫霍恩市有一家风车博物馆。

黄金博物馆——建于哥伦比亚首都波哥大市。

鞋子博物馆——建于捷克斯洛伐克的哥特瓦尔德夫市。

胸罩博物馆——建于美国的好莱坞。

皮包博物馆——由日本艾斯公司在东京开办。

烟具博物馆——在英国南部海滨地区柏莱姆勃村。

手杖博物馆——在德国的埃尔富特专区的林代韦尔村。

木乃伊博物馆——建于墨西哥瓜那华托城郊的一座

隧道里。

煤油灯博物馆——建于波兰克罗斯诺市。

玩偶博物馆——建于美国康涅狄克州的格林威治。

足球博物馆——建于希腊首都雅典。

货币博物馆——在德国慕尼黑。

古钟博物馆——设在北京的大钟寺内。

谜语博物馆——设于匈牙利的布达佩斯。

5. 世界上形形色色的公园

海底公园:加勒比海巴哈马群岛海滨风景区。

雪景公园:瑞士聂尔茨汉山顶上。

雕塑公园:在挪威首都奥斯陆。

鸟类公园:新加坡裕廊城。

恐龙公园:美国犹他州东北,有一座别致的恐龙公园。

幻想公园:位于德国的科隆和波恩之间。

蝴蝶公园:斯里兰卡有一座美丽的蝴蝶公园。

童话公园:位于德国盖升温特的密林内。

轮胎公园:建于日本东京。

海洋公园:位于美国西部圣迭戈。

海滩公园:在中美地区哥斯达黎加的西北部。

漂浮公园:位于俄罗斯的黑海。

火山公园:在新西兰北岛的汤加里罗。

植物公园:在中国江西庐山和罗马尼亚的克留市。

交通公园:日本全国约有 300 多所这种交通公园。

盲人公园:在德国莱比锡市中心。

6. 世界上形形色色的商店

袖珍品商店:设在秘鲁首都利马市。

左手用品商店:英国伦敦有一家专卖左手用品的商店。

既卖又教的商店:日本的大阪开有这样的商店。

防盗商店:在澳大利亚的悉尼多见有这样的商店。

巨物商店:在巴西圣保罗州。

99 商店:美国洛杉矶有家商店招牌叫“99”,其每种商品售价不超 99 美分。

不怕退货商店:开设在美国纽约的一家商店。

无人无货商店:日本东京的一家商店。

冒牌商店:西班牙毕尔巴鄂市有专门的冒牌商店。

能哭善笑的人出租商店:新加坡就开设了这样一种商店。

7. 世界旅馆奇趣

海上旅馆:世界上第一个海上旅馆在瑞典诞生。

拖车旅馆:德国拜恩州的旅游商人建造的世界第一家流动旅馆。

沙丘旅馆:墨西哥有一个专供游客观赏沙漠景色的沙丘旅馆。

山顶旅馆:非洲特立尼达有家独特的建在高峻陡峭山岩上的旅馆。

井中旅馆:是马里的斐巴摩纳为使游人免受酷热之苦而建造。

鳄鱼旅馆:澳大利亚悉尼市有家仿照鳄鱼外形而建造的旅馆。

酒桶旅馆:匈牙利的首都布拉格郊外用酒桶建造的独特的酒桶旅馆。

海底旅馆:美国佛罗里达州建成的海底旅馆。

红娘旅馆:德国有一家为世界上胆怯怕羞的男女而建造的旅馆。

机器人旅馆:建在巴哈马的一个小岛上,服务员皆为机器人。

树顶旅馆:建在东非国家肯尼亚。

禁烟旅馆:建于日本东京都江东区。

8. 世界奇桥

泥桥:在拉丁美洲的尼加拉瓜有座泥桥。

草桥:在秘鲁阿普里玛克河一带的印第安人用草来架桥。

塑料桥:美国的科学家们研制成功一座跨度为30米的塑料桥。

瓷砖桥:在西班牙古都的一条河上架设着用一块块大瓷砖建成的新型桥梁。

智能结构桥:德国科学家建成一座智能结构桥。

纸桥:在美国有一座用一种新型的纸张建成的桥梁。

玻璃桥:保加利亚在克内日河上建造了世界上第一座玻璃大桥。

尼龙桥:保加利亚首都索非亚附近的尼沙瓦河上横跨着一座别具一格的桥。

充气桥:美国科学家研究成功的可通过180吨载重汽车的充气桥。

9. 旅游世界各地经典笑话

到了韩国,才知道再丑的女人也可以让男人疯掉;

到了泰国,才知道看见漂亮妹妹先别忙着拥抱;

到了新加坡，才知道为什么四面都是水，还向别人要；

到了印度，才知道多尊贵的人都得给牛让道；

到了印度尼西亚，才知道为什么华人夜里睡不着觉；

到了阿拉伯，才知道做男人是多么的骄傲；

到了法国，才知道被人调戏还会很有情调；

到了西班牙，才知道被牛拱到天上还可以哈哈大笑；

到了奥地利，才知道是个乞丐都能弹上一支小调；

到了瑞士，才知道开个银行账户没有十来万会被人耻笑；

到了丹麦，才知道写个童话其实可以不打草稿；

到了意大利，才知道天天吃比萨脸上都可以不长青春包；

到了希腊，才知道迷人的地方其实都是破庙；

到了梵蒂冈，才知道在境内任何地方开枪都可以打着罗马的鸟；

到了美国，才知道不管是谁，乱嚷嚷都会中炮；

到了巴拿马，才知道一条河也代表了主权的重要；

到了巴西，才知道衣服穿得很少也用不着害臊；

到了智利，才知道火车在境内拐个弯也很难办到；

到了阿根廷，才知道不懂足球会让人晕倒；

到了撒哈拉，才知道节约用水的重要。

十、交通安全知识歌谣

乘车安全要注意，遵守秩序要排队；
手头不能伸窗外，扶紧把手莫忘记。
乘车系好安全带，平安出行安全在；
站得稳步坐得好，紧急刹车危险少。
出家门，路边走，交通法规要遵守；
过马路，仔细瞧，确认安全才通行；
红灯停，绿灯行，交通信号要看好；
各行其道，互相谦让，才能安全可靠。
大家讲次序，道路易畅通；
安全无障碍，大家都轻松。
隔离护栏不翻爬，发生事故受伤害；
候车要在站台上，骑车不进汽车道。
公路上，车辆多，打场晒粮易惹祸；
公路边，不摆摊，影响交通不平安。
过街要走横道线，或走天桥地下道；
走路要走人行道，不在路上嬉戏闹。
黑车货车不能上，人身安全没保障；
无证驾驶违交法，购车要办车牌照。
交通法规是个宝，走路行车要记牢；
生命人人都珍惜，安全健康最重要。

交通安全很重要，交通规则要牢记；
从小养成好习惯，不在路上玩游戏。
开车之前想一想，交通法规记心上；
交叉路口想一想，一看二慢三不抢。
会车之前想一想，礼让三分显风尚；
超车之前想一想，没有把握不勉强。
牛马车，靠右走，交叉路口要牵行；
赶牲口，放牛羊，上路行走不安全。
骑单车，看标志，切勿闯入汽车道；
不带人，不超载，安全骑车不图快。
出远门乘汽车，不坐超员超载车；
行万里平安路，做百年长乐人。
行走应走人行道，没有行道往右靠；
天桥地道横行道，横穿马路不能做。
学交法，守交规，平安出行最安心。
一慢二看三通过，莫与车辆去抢道。
骑车更要守规则，不能心急闯红灯。
左右前后要看好，行走的地方选光明。
驾车行路头清醒，开动脑筋多想想：
雨天大雾想一想，打开雾灯车速降；
夜间行车想一想，注意标志和灯光；
长途驾驶想一想，劳逸结合不能忘。

十一、生活常识趣说

（一）十二属相歌

小老鼠，排第一，
个头不大真神气！
老牛第二虎第三，
兔子第四跑得欢
龙第五，蛇第六，
马是老七不落后，
羊第八，猴第九，
十是公鸡跟着走，
狗是十一汪汪叫，
老猪最后来报到！
看一看，想一想，
十二属相不一样，
到底你属哪一个，
爸爸妈妈对你讲。

（二）指纹歌

一斗穷，二斗富，
三斗开个银匠铺；
四斗没啥说，
五斗拾柴火；

六斗卖豆腐，
七斗闲不住；
八斗、九斗簸簸箕，
不做也能过。

（三）手掌歌

手掌心心大手窝，
一年四季在奔波，
挣钱的日子少，
辛苦的时候多。
血脉露显手背，
人生注定劳累；
血脉不显手背，
人生定是富贵。

（四）开花歌

杏花开，桃花落，
石榴开花笑呵呵；
黄瓜开花一身刺，
葫芦开花靠南墙；
绿豆开花皱着嘴，
桑葚开花叶里藏；
柿子开花瞪着眼，
芝麻开花花成双；
杨树开花结毛虫，
柳树开花顺风扬。

(五)一树开花一树红

一树开花一树红，
二树开花更不同；
三树开花扎满院，
四树开花满院红；
杏花粉，桃花红，
梨树开花白凌凌；
桃花杏花蜡梅花，
鸡冠海棠红彤彤；
茄子开花颠倒挂，
石榴开花颜色重，
葫芦开花爬上棚。

(六)十二月花开

正月迎春花儿黄，
二月杏花出了墙；
三月桃花开得艳，
四月梨花白如霜；
五月石榴红似火，
六月荷花满池开；
七月芍药人人爱，
八月桂花腌蜜糖，
九月菊花秋风凉，
十月芙蓉斗寒霜；
十一月山茶初开放，
十二月蜡梅雪中香。

（七）十二月菜歌

正月里菠菜满地香，
二月里发芽羊角葱；
三月里蒜苗往上长，
四月里莴笋一扑棱；
五月里黄瓜上了市，
六月里番茄挂灯笼；
七月里茄子一包籽，
八月里豆角拧成绳；
九月里辣椒红满棵，
十月里蔓菁上秤称；
十一月萝卜甜似蜜，
腊月的韭黄黄澄澄。

（八）二十四节气歌

春雨惊春清谷天，夏满芒夏暑相连，
秋处露秋寒霜降，冬雪雪冬小大寒。
每月两节不变更，最多相差一两天。

（九）十月歌（童谣）

一月里，一月一，
河里小鱼水下息；
二月里，二月二，
杨树柳树比长个；
三月里，三月三，
狗撵兔子猛一蹿；

四月里，四月四，
黄瓜长着一身刺；
五月里，五月五，
癞肚蛤蟆躲端午；
六月里，六月六，
闺女给娘选块肉；
七月里，七月七，
牛郎织女会佳期；
八月里，八月八，
爷爷奶奶摘南瓜，
九月里，九月九，
重阳登高健步走；
十月里，十月十，
小孩欢乐吃果子。

十二、中国旅游名城名胜

（一）北京

祖国心脏，万众向往。
山河壮丽，环境优越。
历史悠久，文化灿烂。
古都巨变，气象万千。
新的北京，今古奇观。

(二)天津

直辖之市,沿海城市。
文化名城,四季分明。
环境优美,人情味浓。
小吃闻名,种类繁多。
天津快板,家喻户晓。

(三)上海

国际都市,直辖之市。
东方明珠,发展奇迹。
改革开放,创造辉煌。
十里洋场,巨大变样。
上海人民,能干精明。
一年小变,三年大变。

(四)重庆

雾都山城,中央直辖。
山高坡陡,徒步难爬。
长江汇集,环境优雅。
人口稠密,工业发达。
名胜古迹,光耀中华。

(五)曲阜

历史悠久,文化发达。
东方文化,发祥中华。

孔孟之乡，诗书传家。
礼仪之邦，经世教化。
古迹灿烂，旅游新葩。

（六）苏州

上有天堂，下有苏杭。
太湖之滨，园林之乡。
小桥流水，百样桥梁。
丝绸璀璨，鱼肥稻香。
吴越文化，永放光芒。
旅游胜地，世人向往。

（七）杭州

上有天堂，下有苏杭。
西湖美景，古已名扬。
名胜古迹，文化宝藏。
丝绸茶叶，越海漂洋。
温柔之乡，儿女情长。

（八）成都

四川省会，又称“蓉城”。
温暖湿润，四季分明。
历史悠久，文化丰厚。
名胜古迹，吸引游人。
民族风情，异彩纷呈。

（九）南京

六朝古都，虎踞龙蟠。
十里秦淮，风情两岸。
文化名城，古称金陵。
中华民国，在此开拓。
风光旖旎，文物众多。

（十）广州

广东省会，别称“羊城”。
风光绮丽，又名花城。
文化古都，革命先行。
出口贸易，经济发达。
吃在广州，中外闻名。

（十一）黄山

著名景区，安徽南面。
奇峰摩天，奇松多见。
山势雄伟，气势磅礴。
自然文化，双重遗产。
恢复老街，再现古颜。

（十二）桂林

桂林山水，中外驰名。
山多洞奇，风景秀丽。
降水丰沛，四季分明。

文化古城,旅游名城。
城市发展,旅游先行。

(十三)西安

八朝古都,历史悠久。
文化古城,几度春秋。
文物古迹,种类齐全。
旅游资源,独厚得天。
秦兵马俑,世界奇观。

(十四)昆明

云南省会,四季如春。
天然花园,气候湿润。
民族众多,异彩纷呈。
景观荟萃,旅游名城。
世界园艺,增光添荣。

(十五)大理

大治大理,文化名城。
气候温暖,五谷丰登。
历史悠久,文化发达。
洱海秀丽,苍山挺拔。
白族民居,建筑典雅。

(十六)丽江

干湿(季)分明,日照充足。

纳西族人，占据多数。
东巴文化，世界中心。
旅游资源，丰富多彩。
玉龙雪山，添姿添彩。

（十七）厦门

台湾金门，隔海相望。
重要港口，著名侨乡。
气候宜人，四季常青。
风景秀丽，海上花园。
闽南文化，吸引观览。

（十八）武汉

三城之市，九省通衢。
四季分明，夏季炎热。
历史悠久，地理优越。
景色优美，资源丰富。
名胜古迹，吸引驻足。

（十九）延吉

盛产黄烟，故称“烟集”。
春秋多风，夏短凉爽。
冬冷且长，冰雾茫茫。
盛产人参，畅销全国。
歌舞之乡，令人欢畅。

(二十)景德镇

历史悠久,北宋命名。
雨量充沛,四季分明。
水陆发达,便利交通。
瓷器文化,丰富厚重。
瓷都美誉,中外驰名。

(二十一)大连

地处辽东,三面临海。
风景优美,气候宜人。
对外贸易,较早开放。
渔业基地,苹果产区。
疗养胜地,东方明珠。

(二十二)沈阳

冬季寒冷,夏季凉爽。
文化名城,历史悠久。
辽宁省会,工业重地。
较多名胜,众多古迹。
旅游兴旺,吸引游客。

(二十三)嘉峪关

甘肃西北,美名酒泉。
少雨多风,夏热冬寒。
矿产丰富,发展钢铁。

丝绸之路，连绵悠远。
建筑雄伟，天下雄关。

（二十四）哈尔滨

松辽平原，松花江畔。
冬季漫长，夏季多雨。
天时地利，银装素裹。
冰雕驰名，吸引游客。
城市建筑，独具特色。

（二十五）乌鲁木齐

新疆首府，牧场富足。
气候多变，干旱少雨。
边陲城市，多族聚居。
维吾尔族，能歌善舞。
葡萄瓜果，香甜万户。

（二十六）敦煌

甘肃西北，河西之西。
文化名城，艺术宝窟。
丝绸之路，漫漫征途。
驰名中外，壁画雕塑。
地域辽阔，经济富足。

（二十七）拉萨

佛教圣地，西藏首府。

地处高原，光照充足。
夜雨众多，气候温和。
寺庙建筑，驰名中外。
历史悠久，民俗独特。

（二十八）澳门

三面环海，景色旖旎。
城市建筑，中西合璧。
自由贸易，天时地利。
发展经济，四大支柱。
旅游兴旺，一年四季。

（二十九）庐山

九江市南，鄱阳湖东。
瀑布闻名，云海绝壁。
谷深峰险，山势雄奇。
景色极佳，夏冬两季。
令人心怡，避暑胜地。

（三十）神农架

湖北西部，四川毗邻。
远古神农，搭架采药。
遍尝百草，故而得名。
千峰万壑，人迹罕至。
动植物多，世界稀奇。

（三十一）张家界

湖南西北，武陵腹地。
洞泉溪瀑，比比皆是。
气候温暖，降水丰沛。
冬寒期短，夏无酷暑。
旅游资源，极其丰富。

（三十二）长沙

湖南省会，历史名城。
气候温暖，四季分明。
四大米市，湘绣闻名。
文化丰富，名人辈出。
英雄城市，风景秀丽。

（三十三）岳阳

北濒长江，南拥洞庭。
气候湿润，四季分明。
鱼米之乡，资源丰富。
名山名水，名楼名文。
历史悠久，古已闻名。

（三十四）武夷山

崇山峻岭，安乐吉祥。
丹霞奇观，天下一绝。
黄山之奇，桂林之秀。

西湖之美，泰山之雄。
碧水丹心，谁与争流？

（三十五）泉州

福建东南，著名侨乡。
海上丝绸，古代大港。
四季常青，湿润多雨。
山川秀丽，景色宜人。
文物古迹，星罗棋布。

（三十六）福州

福建省会，文化名城。
雨量充沛，四季常青。
鱼米之乡，花果之乡。
依山傍水，气候宜人。
名胜温泉，欢迎观瞻。

（三十七）遵义

历史名城，革命圣地。
无偏无陂，遵王之义。
气候温和，名酒之乡。
大娄山中，峰岭摩天。
瀑布磅礴，水声震天。

（三十八）安顺

贵州偏西，文明古城。

气候温和，阴天较多。
大黄果树，中国第一。
龙宫奇洞，中国之巅。
织金岩洞，溶洞奇观。

（三十九）贵阳

贵州省会，第二春城。
山青水绿，雨热同期。
山川秀丽，气候宜人。
旅游资源，极为丰富。
民俗风情，多姿多彩。

（四十）西双版纳

边疆城镇，对外开放。
日照充足，降水丰沛。
热带植物，生长茂盛。
民族风情，独具特色。
景观秀丽，吸引游客。

（四十一）瑞丽

边境口岸，南亚门户。
大型边贸，物资丰富。
气候宜人，多雨多雾。
竹木苍翠，四季花开。
风光美丽，多动植物。

（四十二）西昌

卫星发射，最佳窗口。
昼间烈日，夜间皓月。
泸沽湖畔，群山环抱。
美丽宁静，景色如画。
摩梭族人，母系氏族。

（四十三）峨眉山

佛教名山，普贤道场。
自然奇景，自古传扬。
日出云海，奇幻佛光。
古刹梵宇，金碧辉煌。
世界遗产，荣获双项。

（四十四）乐山

地处乐山，古称嘉州。
气候温和，四季分明。
水运优越，水电基地。
旅游资源，得天独厚。
乐山大佛，世界遗产。

（四十五）长江三峡

长江峡谷，水道为主。
地形险峻，风光绮丽。
气势磅礴，众多古迹。

沿岸群峰,景象万千。
长江支流,景观独特。

(四十六)九寨沟

自然生态,世界遗产。
水光山色,极为独特。
动植物多,主要特色。
翠海飞瀑,彩林雪峰。
交相辉映,童话世界。

(四十七)都江堰

都江堰古,青城山幽。
旅游城市,历史悠久。
秦蜀李冰,主持修建。
设计精巧,成龙配套。
灌溉良田,造福民众。

(四十八)开封

历史名城,七朝古都。
古迹众多,文化独特。
繁华景象,宋代描绘。
开封铁塔,堪称独有。
旅游资源,享誉国外。

(四十九)深圳

经济特区,开放窗口。

南部沿海，天时地利。
新建景点，新奇特美。
锦绣中华，民俗文化。
时代特色，旅游奇葩。

(五十)珠海

相连澳门，珠江口岸。
经济特区，进出口岸。
气候宜人，空气清新。
依山傍海，环境清幽。
圆明新园，壮观奇特。

(五十一)洛阳

九朝古都，历史名城。
洛阳牡丹，国色天香。
洛阳三彩，浑厚高雅。
文化丰厚，艺海明珠。
龙门石窟，世界遗产。

(五十二)三亚

海滨城市，环境优美。
气候宜人，避寒胜地。
海水洁净，空气清新。
沙滩美丽，阳光充足。
四季无霜，盛产瓜果。

（五十三）承德

历史名城，旧城热河。
冬寒夏凉，避暑胜地。
避暑山庄，特色建筑。
名胜古迹，遥相呼应。
山峦俊秀，森林茂密。

（五十四）青岛

历史名城，山东青岛。
夏季凉爽，气候宜人。
港口城市，世界著名。
避暑胜地，休闲胜地。
名山秀水，人间天赐。

（五十五）台北

三面临水，一面依山。
夏长冬短，降水丰沛。
交通发达，城市繁华。
文化名城，高校云集。
名胜众多，风光美丽。

（五十六）香港

南海之滨，东方之珠。
购物天堂，美食之都。
金融贸易，国际中心。

旅游胜地,游者乐园。
回归祖国,发展超前。

(五十七)雁荡山风景区

峰湖相映,潭瀑相叠。
岩洞相连,幽谷奇石。
秀湖飞瀑,东南第一。
行旅如云,名人众多。
摩崖石刻,文史宝库。

(五十八)汕头

阳光充足,雨水丰沛。
气候宜人,环境清幽。
著名侨乡,人才辈出。
对外门户,经济发达。
滨海城市,风景秀丽。

(五十九)千岛湖

岛屿逾千,四季常青。
冬暖夏凉,避暑胜地。
崇山峻岭,环抱屏峙。
湖岸风景,协调极佳。
自然人文,交相辉映。

(六十)镇江

历史悠久,文化名城。

三面环山，一面临江。
四季分明，变化显著。
真山真水，雄奇秀丽。
民间传说，万古流芳。

（六十一）秦皇岛

开放城市，旅游之城。
背依燕山，南临渤海。
海滨迷人，气候相宜。
沙软潮平，水清风爽。
条件优越，避暑胜地。

（六十二）张家口

长城关隘，京师门户。
冬季寒冷，夏季凉爽。
宣化古城，宏伟壮观。
中都草原，水草丰美。
天高地阔，游猎之地。

（六十三）大同

历史名城，文物颇多。
三面环山，四季多风。
云冈石窟，佛像最大。
悬空古寺，保存完好。
应县木塔，闻名天下。

（六十四）呼和浩特

塞外名城，内蒙首府。
畜牧发达，毛纺基地。
旅游资源，独具特色。
昭君出塞，时仕西汉。
五当昭寺，依山而建。
草原赛马，充满风情。

（六十五）五台山

佛教名山，文殊道场。
五峰高耸，峰顶平广。
气温较低，夏季凉爽。
东汉建寺，香火兴旺。
禅寺著名，僧众向往。

（六十六）太原

山西省会，文化古城。
三面环山，中为平原。
炎热多雨，寒冷干燥。
古迹悠久，名胜众多。
革命遗址，永放光芒。

（六十七）平遥

平遥古城，文化名城。
山西中部，太原迤南。
古代城墙，古代民居。

砖石结构，风格古朴。
驰名中外，世界遗产。

（六十八）无锡

太湖之滨，江南名城。
地势平坦，气候温和。
太湖景区，天然山水。
蠡园梅园，景色迷人。
灵山大佛，神州最大。

（六十九）常州

江苏南部，沪宁中点。
物产丰富，鱼米之乡。
气候温和，雨量适中。
旅游资源，风格独特。
名胜古迹，寺塔府墓。

（七十）扬州

苏北门户，鱼米之乡。
商业发达，人文荟萃。
名胜古迹，自然风光。
瘦西湖面，秀似西湖。
扬州八怪，声名远扬。

（七十一）连云港

依山傍海，平原山区。

气候温润,四季分明。
海盐基地,交通便利。
山海胜景,尽显奇观。
淮口巨镇,东南名镇。

(七十二)合肥

园林城市,全国闻名。
科技基地,全国重点。
安徽省会,历史悠久。
气候宜人,景色秀丽。
旅游城市,资源丰富。

(七十三)芜湖

江南古城,米市之首。
风景如画,山明水秀。
温暖湿润,四季分明。
交通枢纽,贸易港口。
皖南旅游,重要门户。

(七十四)九华山

佛教名山,地藏道场。
奇峰怪石,潭谷洞藏。
竹树泉瀑,草翠花香。
梵宇民居,特色异样。
僧尼无犯,共荣共昌。
无瑕禅师,肉身坐像。

经世不腐,彰显灵光。
佛国仙域,古今传扬。

(七十五)普陀山

佛教名山,观音道场。
舟山之东,海岸绵长。
文化悠久,海岛风光。
牌坊碑刻,茅篷庵堂。
殿阁禅寺,古色古香。

(七十六)宁波

海定波宁,港口著称。
气候温和,地貌多样。
文物之都,名副其实。
旅游资源,丰富多彩。
湖寺泉山,风格各异。

(七十七)金华

百工之乡,手工发达。
金华火腿,食品上佳。
名胜古迹,名闻天下。
双龙景区,先贤多游。
仙都景区,环境幽雅。

(七十八)肇庆

历史名城,旅游胜地。

降水丰沛，四季宜人。
九龙宝鼎，世界之最。
七星岩洞，洞穴幽深。
鼎湖山景，山清水秀。

（七十九）惠州

鱼米之乡，交通要冲。
气候温和，雨量充沛。
文化名城，历史悠久。
旅游兴盛，名胜众多。
惠州西湖，岭南第一。

（八十）韶关

绿色宝库，金属之乡。
文明古城，历史悠久。
粤湘赣省，交通枢纽。
丹霞地貌，世界代表。
自然风貌，无比优美。

（八十一）海口

海滨城市，环境优美。
兴隆温泉，山明水秀。
万泉河边，椰林景观。
五公古祠，纪念名臣。
琼台书院，吸引游客。

(八十二)南宁

广西首府,群山环抱。
夏长冬短,降水丰沛。
绿色城市,树木葱翠。
德天瀑布,蔚为壮观。
伊岭岩洞,堪称奇观。

(八十三)北海

南珠之乡,举世闻名。
三面环海,夏长冬短。
旅游城市,环境优美。
北海银滩,天然浴场。
涠洲孤岛,礁怪岩奇。

(八十四)宝鸡

炎帝故里,佛骨圣地。
四季分明,雨热同期。
工业重镇,交通枢纽。
民间艺术,独树一帜。
对外开放,旅游胜地。

(八十五)天水

天河注水,传说得名。
空气湿润,日照充足。
文化古老,古迹众多。
寺庙石窟,东方艺术。
麦积烟云,奇妙景观。

（八十六）银川

宁夏首府，历史名城。
冬寒夏短，气候干燥。
回族聚多，独具特色。
文化遗址，较多景区。
西夏王陵，东方神奇。

（八十七）华山

五岳之一，奇险天下。
游览胜境，道教圣地。
人文自然，浑然一体。
庙宇楼台，古朴典雅。
奇险雄美，景观遍地。

（八十八）运城

古老城市，旅游城市。
以盐设城，国宝之誉。
气候干燥，四季分明。
运城临猗，关羽原籍。
永乐古宫，壁画杰作。

（八十九）郑州

河南省会，古老城市。
交通枢纽，商业都市。
文物古迹，丰富多彩。

商城遗址，瓷器最早。
橙黄古庙，文物珍贵。

(九十)黄陵

护墙牌楼，相围四周。
古柏苍天，沮水环绕。
千年铁树，古朴肃穆。
海外同胞，寻根毕至。
古代黄帝，中华先祖。

(九十一)延安

革命圣地，文化名城。
冬寒夏暑，四季分明。
教育基地，革命传统。
唐代宝塔，圣地象征。
文物众多，秀丽风景。

(九十二)荆州

历史悠久，唐代始建。
城墙围砌，巍峨壮观。
保存完好，古色古香。
三楚名镇，文化中心。
古迹众多，吸引游客。

(九十三)武当山

道教名山，旅游胜地。

四季风景，各具特色。
山势峻拔，溪涧曲折。
野生植物，种类繁多。
古建筑群，保存完好。

（九十四）南昌

江西省会，鄱阳湖滨。
四季分明，夏季火炉。
物华天宝，人杰地灵。
滕王阁序，古城扬名。
南昌起义，英雄城市。

（九十五）井冈山

气候湿润，四季分明。
雨水充沛，雾日较多。
革命摇篮，革命胜迹。
高山田园，植物茂密。
景观独特，自然美丽。

（九十六）长春

吉林省会，松辽平原。
工业发达，汽车基地。
市区整洁，风景秀丽。
关外春城，林木葱翠。
群山环抱，游览胜地。

(九十七)吐鲁番

新疆中部,天山南麓。
气候炎热,夏季漫长。
丝路遗址,歌舞之乡。
盛产葡萄,瓜果飘香。
高昌故城,文化辉煌。

(九十八)泰山

五岳之首,旅游胜地。
古迹众多,吸引游客。
山势巍峨,植被繁茂。
历代帝王,封禅之地。

(九十九)济南

山东省会,文化名城。
气候温和,四季分明。
泉流丰沛,泉城之称。
四面荷花,三面杨柳。
一城山水,半城湖水。

(一百)兰州

甘肃省会,瓜果之城。
干燥少雨,冬寒夏暑。
古迹众多,旅游胜地。
黄河铁桥,坚固美观。
拉卜楞寺,藏传佛教。

（一百零一）呼伦贝尔

历史古城，清代建成。
冬寒夏凉，四季分明。
草原辽阔，清水湖泊。
畜牧发达，牛羊成群。
蓝天白云，景色如画。

（一百零二）丹东

抗美援朝，交通要冲。
鸭绿江畔，边境之城。
江隔中朝，贸易相通。
风景名胜，景色迷人。
碧水悠悠，群峦叠嶂。

十三、中国旅游才知道

到了广州才知道自己赚钱少，
到了深圳才知道特区建设好，
到了杭州才知道结婚已太早，
到了苏州才知道啥叫环境好，
到了大连才知道穿得不太好，
到了山东才知道自己个头小，
到了东北才知道自己胆子小，

到了西安才知道历史文化少，
到了桂林才知道大自然美好，
到了云南才知道什么叫珠宝，
到了天津才知道口才不太好，
到了西藏才知道身体好不好，
到了新疆才知道地广人又少，
到了台湾才知道什么叫宝岛，
到了香港才知道一国两制好，
到了陕西才知道味美大红枣，
到了福建才知道吸引外资好，
到了河南才知道什么叫武功好，
到了九寨沟才知道生态环境好，
到了黄山才知道旅游开放好，
到了三峡才知道长江风光好，
到了海南才知道休闲旅游好，
到了贵州才知道什么叫酒好，
到了延安才知道革命潮流好，
到了沈阳才知道工业基础好，
到了长白山才知道原始森林好，
到了哈尔滨才知道冰雕艺术好，
到了长春才知道东北出三宝。

十四、中国旅游异彩纷呈

(一)游客特征分析

见面爱说又爱笑,这样的游客较可靠;
要求偏多又言少,这样的游客要讨好;
团队当中有权威,对其热心不吃亏;
说话严厉有分量,对其尊重不一样;
爱听爱看又爱摸,对其服务要多说;
少言少语又怕累,对其服务要干脆;
文化层次比较高,讲解认真莫轻佻;
语言不通有障碍,对其照顾多关爱;
团员当中太年轻,细心耐心体贴心;
团员当中年纪大,事多钱少不用怕;
来自沿海大都市,这样的游客比较富;
来自西部和内地,游客花钱较小气;
来自山区和乡下,对其友好不欺诈;
游客上班在机关,消费起来很一般;
游客当中多农民,老实听话受欢迎;
遇到都是打工族,薄利多销别太俗;
接待名人和领导,工作周全要讨好;
团员都属好朋友,该出手时也出手;

爱吃爱抽又爱喝，这样的游客别怕多；
爱吃爱喝爱跳舞，热心服务别怕苦；
团员当中尽老外，习俗不同别见怪；
华侨港台东方人，服务热心重人情；
有说有笑又爱讲，不是局长是科长；
衣服穿得较得体，一般都是干私企；
穿戴打扮上档次，属于成功的人士；
团员见他比较怕，准是团中的老大；
怀里揣着人民币，花起钱来真豪气；
钱包装有许多卡，购物消费才潇洒；
身上珠光宝气，花钱一定豪气；
身上高档着装，花钱一定大方；
平时手机经常响，生意兴隆财源广；
手机关机不联络，财路不多少事做；
随身配有小皮包，这样的游客档次高；
旅途当中重学习，认真服务是前提。

（二）中国十大城市市民文化性格

北京人调侃的尽是文化，
上海人爱讲国际接轨，
广州人用实力引导时尚，
天津人淳朴悠然不赶时髦，
深圳人凡事赶新潮讲规则，
武汉人精明中透出豪爽，
成都人逍遥自在善于休闲，
重庆人爱讲勤劳致富闯江湖，

沈阳人追求务实干事业；

香港人讲究东西文化的交融与宽广。

(三)中国地域特色文化

(1)北京是京都文化、胡同文化、皇城文化、官场文化。

(2)天津是卫戍文化、津味文化。

(3)山西是晋商文化、习武文化。

(4)东北是黑土文化、土炕文化、边域文化。

(5)上海是海派文化、移民文化、都市文化。

(6)江苏是长江文化、吴越文化。

(7)苏州是园林文化、水乡文化、丝绸文化。

(8)南京是古都文化、秦淮文化。

(9)杭州是西湖文化、水产文化、江南文化。

(10)福建是闽南文化、闽越文化。

(11)山东是齐鲁文化、儒家文化。

(12)河南是大河文化、中原文化。

(13)湖北是荆楚文化、集市文化。

(14)湖南是湖湘文化、伟人文化。

(15)广东是南越文化、岭南文化。

(16)广州是商人文化、改革文化。

(17)深圳是特区文化、新潮文化。

(18)四川是巴蜀文化、盆地文化。

(19)重庆是巴渝文化、火锅文化、山城文化。

(20)陕西是西北文化、高原文化。

(21)澳门是旅游文化、博彩文化。

(22)香港是中国文化、国际文化。

(23)西安是黄河文化、古都文化。

(24)广西是壮族文化、山水文化。

(25)云南是民俗文化、植物文化。

(26)贵州是山地文化、民族文化。

(27)西藏是雪域文化、宗教文化。

(28)新疆是西域文化、歌舞文化、古玉文化。

(29)内蒙古是草原文化、蒙古包文化。

(30)大连是足球文化、服饰文化、洋派文化。

(31)海南是海岛文化、休闲旅游文化。

(四)一方水土养一方人

广东人看外地人,都是北方人。

东北人看外地人,都是南方人。

广东人:一群常走在国人之前的人。

港澳人:“资本”之下的一群人。

山西人:北方人中的南方人。

江苏人:横跨长江的南方人。

天津人:淳朴又传统的人。

北京人:中国关心世事的人。

浙江人:捕捉着江南旧影的人。

山东人:注重务实的人。

福建人:喜欢走出家园创业的人。

河南人:黄河边沉默的人。

湖北人:精明又豪爽的人。

湖南人:敢于闯荡的人。

四川人:吃苦耐劳的创业人。

陕西人:执着于历史传统的人。

东北人:乐于学雷锋的人。

新疆人:一群能歌善舞的人。

广西人:喜欢与山水打交道的人。

(五)湖南地方好

北京大,上海富,不如湖南一棵大榕树。

香港街,美国路,不如湖南小卖部。

玫瑰香,桂花香,不如湖南豆腐香。

奥迪车,宝马车,不如湖南自行车。

茅台酒,路易酒,不如湖南大米酒。

葡萄干、鲍鱼干,不如湖南萝卜干。

天有情,地有情,不如湖南人民好心情。

天无情,地无情,湖南人民到哪都行。

湖南是个好地方,地灵人杰出大官。

除了伟人和辣椒,湖南还出酒鬼酒。

每天喝它三两口,保证精神好抖擞。

风风雨雨闯九州,该出手时就出手。

(六)特色城市

山城重庆,冰城哈尔滨,江城武汉,水城苏州,花城广州,春城昆明,温泉城福建,泉城济南,椰城海口,沙城敦煌,极光城漠河,林城伊春,瓜果城吐鲁番,山水城桂林。

十五、中国农村新旧对比写真

新中国成立前:过去地主算盘响,贫苦农民泪汪汪;
交了租谷无口粮,卖儿卖女去逃荒。
新中国成立后:后来村里算盘响,贫下中农喜洋洋;
年年丰收有余粮,送儿送女上学堂。
现如今:如今村里电脑响,科学种植村民忙;
农户产品销售好,送儿送女去留洋。
改革开放前:村长哨响就出工,到了田地磨洋工;
收工哨响往家冲,回到家里图轻松。
辛辛苦苦干一年,到了年终不见钱;
半年小菜半年粮,补钉衣服加茅房;
养牛为了耕种田,养猪为了过好年。
改革开放后:田地从此分到户,农民生活迈大步;
科学种田四季忙,勤劳持家能致富。
坐上沙发睡软床,看上彩电听三洋;
骑上摩托盖楼房,大把票子存银行。
农民歌唱党的“十八大”:
山上柑橘压弯腰,河滩桑叶随风飘,
湖光山色猪鱼壮,庭院经济四季香。
农村基层宽又广,十八大指明了方向,
科学发展要跟上,抓好党建办讲堂,

党员社员共努力，村容村貌大变样。
“十八大精神指方向，农民心里亮堂堂，
加快新村调结构，新村建设新气象。”
“唱支山歌给党听，表表农民一片心，
一唱党的政策好，二唱解决出行难，
三唱调整结构促发展，四唱致富路上奔小康”；
“新村建设要加快，小康生活更实在，
与时俱进再提高，创建农村新面貌，
党群关系日日增，共产党就是咱的根”；
“说村道，赞村道，村道是条致富道，
农村有了村道路，致富路上奔小康”
……

十六、养生保健顺口溜

（一）

生梨润肺化痰好，苹果止泻营养高。
黄瓜减肥有成效，抑制癌症猕猴桃。
番茄补血助容颜，莲藕除烦解酒妙。
橘子理气好化痰，韭菜补肾暖膝腰。
萝卜消食除胀气，芹菜能治血压高。
白菜利尿排毒素，菜花常吃癌症少。
冬瓜消肿又利尿，绿豆解毒疗效高。
木耳控癌散血瘀，山药益肾浮肿消。

海带含碘散瘀结，蘑菇抑制癌细胞。
胡椒祛寒兼除湿，葱辣姜汤治感冒。
益肾强腰吃核桃，健肾补脾吃红枣。
大蒜是个宝，常吃身体好。
冬吃萝卜夏吃姜，不劳医生开药方。
朝食三片姜，犹如人参汤。
吃米带点糠，老小都安康。
一天三颗枣，一生不知老。
鱼生火，肉生痰，萝卜白菜保平安。
要想人长寿，多吃豆腐少吃肉。
运动好比灵芝草，何必苦把仙方找。
人怕不动，脑怕不用。
早起做早操，一天精神好。
不抽烟、少饮酒，活到九十九。
饭后散步，不进药铺。
拍打足三里，胜吃老母鸡。
竹从叶上枯，人从脚上老，
天天千步走，药铺不用找。
萝卜就茶，气得大夫满地爬。
春不减衣，秋不加帽。
冬不蒙首，春不露背。
春捂秋冻，到老不生病。
洗头洗脚，胜似吃药。
头对风，暖烘烘；脚对风，请郎中。
日光不照临，医生便上门。

（二）

清晨起，莫慌忙，伸伸懒腰再起床。
床边坐，别着急，半分钟后再站起。
温开水，喝半杯，血脉通畅最宝贵。
大小便，要排空，清肠排毒垃圾清。
吃早餐，很重要，宜早更要营养好。
日出后，晨练宜，空气新鲜利身体。
指梳头，干洗脸，头脑清醒驻容颜。
洗洗鼻，揉揉眼，远离感冒和花眼。
齿常叩，舌常转，生津开胃齿固坚。
保健穴，常按摩，健身祛病好处多。
大步走，小步跑，一天万步比较好。
循渐进，持之恒，常年坚持必然灵。
戒吸烟，限喝酒，心胸开阔不发愁。
午饭后，睡一觉，自我调节减疲劳。
晚餐少，宜清淡，有利健康和睡眠。
晚饭后，散散步，身心放松舒睡眠。
睡觉前，泡泡脚，按摩涌泉胜吃药。
重健康，在心理，心理健康数第一。
有爱心，要牢记，淡泊人生有意义。
葆青春，养天年，合家幸福到永远。

（三）

起得早，睡得早，双手梳头清头脑；
多劳动，多走路，舒筋活络壮六腑；
暖背心，揉脚心，长期健身少毛病；

少吃荤,多吃素,五谷杂粮为主食;
少吃药,少打针,夏凉冬暖莫放松;
地摊药,你莫买,保你平安不受骗;
诈骗犯,花样多,不予理睬准没错;
眼光长,心放宽,无忧无虑常乐观。

(四)

血压血脂血糖高,危害身体祸不小;
绿茶芹菜降血压,洋葱土豆血压降;
菇类抗癌降血脂,南瓜强身血糖无;
洋葱玉米降血脂,治疗血凝最重要;
核桃防护心血管,降低血脂心病无;
鲜鱼大蒜和橙汁,素食降低胆固醇;
南瓜降治糖尿病,少荤多素清淡吃;
豆腐可防血管病,胡萝卜素算第一;
“三血”太高是魔鬼,少吃糖盐和脂肪;
猪血营养价值高,解毒润肠血管好;
海带紫菜属碱性,放射物质尽排除;
鱼鳞含有卵磷脂,补钙防癌有神效;
清肝明目胡萝卜,茄子萝卜化积食;
肥、炸、内脏要少吃,疾病祸根就是它;
多吃蔬菜少吃肉,滋养身体能长寿;

(五)

百菜白菜最为上,清热生津通利肠;
萝卜降脂降血压,健脑益智金针菇;

胡萝卜素降血压,抗癌降低胆固醇;
西红柿含维生素,强健血管抗衰竭;
洋葱芹菜含铁钙,降脂降糖降血压;
香菇抗癌降血脂,木耳润肺又补肾;
土豆营养价值高,降压健脾肠胃好;
黄瓜祛暑烦躁安,茄子消肿健血管;
明目健胃数苦瓜,南瓜抗癌降血糖;
冬瓜明目治头热,韭菜排毒又抗癌;
菠菜养血又宽肠,胆固醇高靠豆腐;
丝瓜利咽又化痰,和血利水荠菜香;
芋头生津又健胃,防糖尿病有疗效;
蘑菇止泻健脾胃,百菜勤吃精神爽。

十七、人生励志和忠告顺口溜

有粮千担,也是一日三餐;
有钱万贯,也是黑白一天;
洋房十座,也是睡房一间;
宝车百乘,也是有愁有烦;
高官厚禄,也是每天上班;
妻妾成群,也是一夜之欢;
山珍海味,也是一副肚腩;
荣华富贵,也是过眼云烟;

钱多钱少,够花就好。人丑人美,顺眼就好。
人老人少,健康就好。家穷家富,和气就好。
老公晚归,有回就好。老婆唠叨,顾家就好。
孩子从小,就要教好。博士也好,卖菜也好。
长大以后,心安就好。房屋大小,能住就好。
名不名牌,能穿就好。两轮四轮,能驾就好。
老板不好,能忍就好。一切烦恼,能解就好。
坚持执着,放下最好。人的一生,平安就好。
不是有钱,一定会好。心好行好,命能改好。
谁是谁非,天知就好。修福修慧,来世更好。
说这么多,明白就好。天地万物,随缘就好。
很多事情,看开就好。人人都好,天天都好。

劳动的钱,使你幸福坦然。
援助的钱,使你感到温暖。
集资的钱,使你力量无限。
奖励的钱,使你加倍实干。
积蓄的钱,使你珍视勤俭。
受贿的钱,使你贪得无厌。
偷来的钱,使你提心吊胆。
贺喜的钱,使你加倍偿还。
恩赐的钱,使你变成懒汉。
挪用的钱,使你有借难还。

喝酒不醉方为高,遇色不乱称英雄;
不义之财君莫取,忍气饶人祸自逃。

别人骑马我骑驴,上下思量不如意;
回头看见赶牛车,比上不足下有余。

人生就像一场戏，因为有缘才相聚。
相扶到老不容易，是否更该去珍惜。
为了小事发脾气，回头想想又何必。
别人生气我不气，气出病来无人替。
我若气死谁如意，况且伤神又费力。
邻居亲朋不要比，儿孙琐事由他去。
吃苦享乐在一起，神仙羡慕好伴侣。
一劝郎君莫赌博，赌博场上是非多，
宜将醒眼看醉人，哪个赌汉好结果。
二劝郎君莫赌博，赌博风云实难测，
不义之财君莫取，劳动致富多快活。
三劝郎君莫赌博，伤神劳心受折磨，
一心想发浑水财，吃不香来睡不着。
四劝郎君莫赌博，害儿害女害老婆，
生产生活无心顾，柴米油盐无着落。
五劝郎君莫赌博，伤风败俗人厌恶，
东拉西骗无人理，谁不背后指脑壳。

遇事最有水平的处理方法

急事，慢慢地说；
大事，清楚地说；
小事，幽默地说；
没把握的事，谨慎地说；
没发生的事，不要说；
做不到的事，别乱说；
伤害人的事，不能说；
讨厌的事，对事不对人地说；

开心的事，看场合说；
伤心的事，不要见人就说；
别人的事，小心地说；
自己的事，听听自己的心怎么说；
现在的事，做了再说；
未来的事，未来再说。

十八、讽刺与幽默顺口溜

(一)某君谈骗人考古新发现

考古发现要惊人，关键在于敢创新，
天空海阔无边际，犄角旮旯觅奇闻。
悟空留尿于何处？八戒招亲在哪村？
莫道书中都掺假，遗址有山也有林。
贵妃腋下发狐臭，貂蝉脚气痒钻心，
西施天生是斜眼，可见世上无完人。
刘备双耳有多重？估计不到半公斤。
屈原跳水姿势美，肖霞高敏步后尘。
趣闻妙事无穷尽，看你怎么动脑筋，
闭上眼睛使劲想，总有灵感入脑门。

(二)代笔参赛

儿童赛书法，喜讯传万家。
成龙又成凤，不争是傻瓜！

孩子年纪小，笔还不会拿。
现学不赶趟儿，眼看要抓瞎。
路有千万条，条条通罗马。
情急生智慧，借手帮娃娃。
老将一出马，秃笔也生花。
龙飞凤舞处，题名是嫩牙。
金榜耀四海，神童人人夸。
英雄幕后笑，他们算个啥？

（三）"赶"会

旅游季节开会忙，会翁展翅飞四方。
有位先生刚飞还，又持请柬去武昌。
天不作美车误程，赶到会场人已光。
黄鹤楼下问主人，会议移师去苏杭。
匆匆赶到西子湖，谁料会议又转场。
灵隐寺里大佛笑，峨眉正是好风光。
日夜兼程去峨眉，谁料依然不赶趟。
洗象池前问猴王，猴王一笑指南方。
波音落在五羊城，不见会友只见羊。
会友不知何处去，越秀山上云茫茫。
旅游季节开会忙，会议又翻新花样。
半月赶会不见会，会场居然长翅膀！

（四）对峙

桌对桌，面对面，低头不见抬头见，
同在一个办公室，共同语言太稀罕。

你说话时他撇嘴，他发言时你瞪眼。
工作从来不协调，办事各自持己见。
鸡毛蒜皮尽计较，原则问题不沾边。
本是宽松好环境，为何自找不舒坦。

(五)现代“美学”观点

不论眼睛有无病，一色都要戴墨镜；
不论皮肤糙与细，一色都抹增白蜜；
不论来自哪个洋，一色头发变焦黄；
不论男人和女人，一色裤子前开门；
不论哪个年龄段，一色衣服有花样。

(六)男女都难做

男人这辈子挺难——
帅点吧，太抢手，
不帅吧，拿不出手；
活泼点吧，说你太油，
不出声吧，说你太闷；
穿西装吧，说你太严肃，
穿随便一点吧，说你乡巴佬；
会挣钱吧，怕你包二奶；
不挣钱吧，又怕孩子断奶，
结婚吧，怕自己后悔；
不结婚吧，怕她后悔，
要个孩子吧，怕出来没钱养，
不要孩子吧，怕老了没人养。
这年头做女人难，做男人更难，
男人，就要对自己好点！

女人这辈子挺难——
漂亮点吧,太惹眼;
不漂亮吧,拿不出手;
学问高了,没人敢娶;
学问低了,没人愿要;
活泼点吧,说你招蜂引蝶;
矜持点吧,说你装腔作势;
会打扮吧,说你像个妖精;
不会打扮吧,说你没女人味;
自己挣钱吧,男人望而止步;
让男人养吧,说你傍大款;
生孩子吧,怕被老板炒鱿鱼;
不生吧,怕被老公炒鱿鱼。
唉,做女人真难!

(七)男女都感叹

感叹男人——
有才华的长得丑,
长得帅的挣钱少,
挣钱多的不顾家,
顾家的没出息,
有出息的不浪漫,
会浪漫的靠不住,
靠得住的又窝囊。

感叹女人——
漂亮的不下厨房,
下厨房的不温柔,
温柔的没有主见,

有主见的没女人味，
有女人味的乱花钱，
不乱花钱的不时尚，
时尚的不放心，
放心的又没法看。

十九、广西壮族“三月三”青年情歌对唱

（男）阿妹见我笑微微，赛过当年杨贵妃。
下河鱼儿见你跳，上山蜜蜂见你追。
（女）阿哥风流又有才，我一见你笑开怀。
有缘千里来相会，唱起山歌上歌台。
（男）唱起山歌心里宽，喝杯凉水口不干。
凉水解得心头火，山歌唱得我心欢。
（女）热天闷气压心窝，听到山歌心里乐。
歌声悠扬传四方，不知是谁唱山歌。
（男）我在高山弹月琴，苦中落难我一人。
筛子筛来磨子磨，十磨九练到夜深。
（女）高山流水遇知音，歌声解闷放宽心。
烂铁成钢靠炉火，苦中磨炼出能人。
（男）十字街头打泼油，一时欢喜一时忧。
一时想到家常事，好比钢刀刺心头。
（女）油泼不能再回收，应该宽心不该愁。

家常便饭吃罢了，十字路口好开头。
（男）在家独自心烦躁，出门望天天又高。
我有心事谁知晓，三朋四友又来邀。
（女）人在家中心里烦，走出家门上高山。
登高望远心开朗，青山绿水好游玩。
（男）难又难来难又难，好比鲤鱼跳下滩。
上滩又怕鹭鸶鸟，下滩又怕网绳拦。
（女）莫怕难来莫怕难，莫怕风浪向前冲。
上滩鲤鱼龙门跳，下滩鲤鱼像条龙。
（男）上山难把山门开，熬酒难找酒娘来。
连情无媒难开口，剪刀无铆怎剪裁？
（女）好男上山门自开，好女不用红娘来。
连情不用媒牵线，情投意合自相挨。
（男）红花生长在园边，塘藕时时紧相连。
几时得花排藕种，花也香来藕也甜。
（女）园边向阳葵花妍，塘中红花就是莲。
莲花开放红艳艳，相亲相爱到百年。
（男）月亮出来四处明，月亮里头有个人。
月亮里头有菀树，几时才能共遮阴。
（女）月亮出来明又明，月亮犹如小妹心。
妹心明珠无价宝，照亮哥心如水清。
（男）月亮里头有丹桂，洛阳桥上有朵梅。
蜂蝶落在玫瑰尾，两翅摇摇难舍飞。
（女）月亮有树人遮阴，桂花放香引蝶亲。
洛阳桥上哥恋妹，短时相会难舍分。
（男）对河望见花一排，心想连盘端来栽。
心想连盘端来种，早晨放水夜晚开。
（女）对河排花鲜艳艳，朵朵红花任哥选。

好花只能摘一朵，花多难养不成全。
(男)对河望见花一苗，心想过河又无桥。
哪个架桥我得过，一世不忘她功劳。
(女)自古好花苗难栽，哥想摘花亲自来。
花好旁人摘不到，哥有心来花自开。
(男)大河涨水黄漂漂，冲倒东门石板桥。
妹你有心来架起，春去秋来万年牢。
(女)大河涨水小河满，河水东流是天然。
哥你有心跟妹走，漂流四海建家园。
(男)一根扁担两头钉，妹肩挑水眼望人。
妹来挑水望哪个？哪个同妹一条心？
(女)一根扁担两头坡，装得少来挡得多。
妹今不是来挑水，得意出门来会哥。
(男)喝茶要喝五油茶，不是五油不喝它。
连妹要妹情意重，九点九分不连她。
(女)哥想连妹慢着先，五味油茶难熬煎。
情哥意重要考验，油茶好喝味道鲜。
(男)抽烟要抽名牌烟，买牛要买牛角尖。
牛角不尖哥不想，妹不聪明哥不连。
(女)劝哥莫要抽名烟，买牛莫要角太尖。
牛角太尖哥难养，妹太聪明哥难连。
(男)买马要买四脚白，连妹要连好角色。
连妹要连正经女，旁人取笑也抵得。
(女)四脚白马快如飞，妹好才引情哥追。
兄妹结情成双对，不怕旁人论是非。
(男)日头不出不成天，旱田种藕不成莲。
个个都讲哥连妹，何时得拢妹身边？
(女)太阳出来照四方，莲藕就靠水源长。

等到莲花结成藕，愿哥天天来品尝。
(男)月亮要亮又不亮，星子讲明又不明。
妹你有心早不讲，如今才讲几时行。
(女)哥有心来妹有心，不怕山高河水深。
山高也有人挖路，水深也有渡船人。
(男)鹧鸪爱走芝麻地，白鸟爱站杨柳枝。
我俩同是飞天鸟，不得成双到几时。
(女)芝麻地边杨柳垂，鹧鸪白鸟比翼飞。
千里迢迢来相会，不能成双你怨谁？
(男)送妹一程又一程，过了一村又一村。
再过一村分离了，哥愿勒喉命归阴。
(女)劝哥莫要远送妹，送妹路远哥难回。
哥难回转妹不忍，空闲再来叩柴扉。
(男)一天离妹当三天，三天离妹当三年。
三天不见妹的信，三魂落魄眼望穿。
(女)自从离开哥那天，天天想哥在心间。
三天不见哥的信，三天三夜妹难眠。
(男)一更去睡哥不睡，二更起来望天星。
三更想同妹言语，四更睁眼到天明。
(女)一更去睡妹不睡，二更起来星不明。
三更想见哥的面，四更眼泪流不停。
(男)柑子好吃里头酸，妹今路远话难传。
听得话多心就乱，风大浪高会翻船。
(女)板栗好吃壳难剥，如今路远难见哥。
劝哥莫听人乱讲，等有空闲再会合。
(男)石难变来石难变，石头难变烂泥田。
几时变成罗裙带，时时绕在妹身边。
(女)哥心坚来妹心坚，铁棒磨成针样尖。

等到月圆花开日，同盆洗脸共枕眠。
（男）抽烟要抽上等烟，跌跤要跌妹身边。
妹你有心扶哥起，东拜日头西拜天。
（女）哥有心来妹有心，心心相印妹心甜。
妹扶哥起莫忘记，我俩同心过百年。
（男）酒醉头昏路边睡，蒙眬颠倒不得回。
酒醉是用糖来解，想妹是要妹来陪。
（女）酒醉伤神莫喝多，喝多呕吐太难过。
哥想连妹要清醒，妹来陪哥心才乐。
（男）莫嫌弃来莫嫌弃，贫穷姊妹莫嫌多。
言多才有关心话，树多才有鸟来落。
（女）莫埋怨来莫埋怨，天下事情太啰唆。
贫穷姊妹要团结，团结起来力量多。
（男）日也思来夜也思，上山打鸟跌落池。
养熟画眉飞了去，留个空笼挂树枝。
（女）劝哥莫要自悲凄，振作精神再奔驰。
丛林深山有好鸟，留着笼子装画眉。
（男）妹的门口有莵姜，一对斑鸠来接梁。
一个低头一个叫，叫死叫活不成双。
（女）哥的门口在何方？屋前屋后有围墙。
哥你有心门难进，等死等活难成双。
（男）到妹门口打一枪，四面八方鸟惊慌。
哥今不是来打鸟，借此名声看姑娘。
（女）月亮不明在云中，石板架桥在里雍。
哥想连妹要乖巧，莫做鲤鱼落网中。

二十、谜语顺口溜

（一）

夫人走娘家，
头戴两朵花；
住了一整月，
骑马转回家。

——腾

（二）

三面靠墙一面空，
日本女子坐当中；
有心上去说句话，
又怕隔墙有人听。

——偃

（三）

一点一横长，
一撇到南阳；
南阳两棵树，长到石头上。

——磨

（四）

左边能射飞禽，右边能吃会吐；
身上有病变傻，见日聪明过人。

——知

（五）

有耳能听到，
有口能请教；
有手能摸索，
有心就烦恼。

——门

（六）

四面有山不显，
二日碰头相连；
全家共有四口，
两王横行中原。

——田

（七）

没有鼻子没有眼，
牙齿长在耳朵边，
一看就知不正派，
及时改正还不晚。

——邪

（八）

竖看像根柱，
横看像根梁，
世上数它大，
成单不成双。

——一

（九）

东边点倭瓜，
牵藤到西家，
花开人吵闹，
花落人归家。

——太阳

（十）

小时两只角，
长大没有角，
到了二十多，
又生两只角。

——月亮

（十一）

有时像个银盘，
有时像把镰刀；
有时挂在树上，
有时停在山腰。

——月亮

（十二）

蓝单子，
兜白米；
鸡不啄，
狗不理。

——星星

（十三）

南一半，北一半，
当中有线看不见；
两头冷，中间热，
一天一夜转一圈。

——地球

（十四）

青石板，
石板青，
青石板上钉银钉，
一颗一颗数不清。

——夜空

（十五）

看不见，
摸不着，
离了她，
活不了。

——空气

（十六）

抓不住身子，
看不见影子，
小时摇动树枝，
大时推倒房子。

——风

（十七）

水皱眉，
树摇头，
花儿见它就鞠躬，
云彩见它就逃走。

——风

（十八）

像云不是云，
像烟不是烟，
风吹轻轻走，
日出慢慢散。

——雾

（十九）

枪打没洞，
刀砍没缝，
八十老头咬得动。

——水

（二十）

热时软，
冷时硬，
切不开，
洗不净。

——水

（二十一）

一物真稀奇，
谁也不能离，
不洗还能吃，
洗洗吃不了。

——水

（二十二）

不怕碰和挤，
脏了不能洗，
要是掉在地，
再也拿不起。

——水

（二十三）

日里忙忙碌碌，
夜晚茅草盖屋。

——眼睛

（二十四）

早上开门，
晚上关门，
走近一看，
里边有人。

——眼睛

（二十五）

一物长得鲜，
从来不见天；
四季不下雨，
光湿不会干。

——舌头

（二十六）

一个住这边，
一个住那边；
人人离不了，
到死不相见。

——耳朵

（二十七）

别小看它，
乱跑乱跳；
窜到人身上，
鲜血喝个饱。

——跳蚤

(二十八)

黑盔黑甲直放光，
上山敢吃虎豹狼；
吃了将军吃元帅，
吃了朝廷吃娘娘。

——跳蚤

(二十九)

身穿铁盔铁甲，
头顶三股马叉；
还会腾云驾雾，
还会钻地作法。

——屎壳郎

(三十)

头戴乌纱帽，
身穿绛紫袍，
飞着哼小曲，
卧地把头挠。

——屎壳郎

(三十一)

一个小姑娘，
长在水中央；
身穿粉红褂，
坐在绿船上。

——莲花

（三十二）

有丝不织布，
有孔不生虫；
撑着绿叶伞，
长在污泥中。

——藕

（三十三）

破房子，
漏屋子，
滴里嘟噜挂珠子。

——葡萄

（三十四）

麻屋子，
红帐子，
里面睡个白胖子。

——花生

（三十五）

红口袋，
绿口袋，
有人怕，
有人爱。

——辣椒

（三十六）

层层叠叠一座山，
千里迢迢砸眼前；
雷声隆隆不下雨，
雪花纷纷不觉寒。

——推磨

（三十七）

远看是座庙，
近看十八道，
脚蹬莲花板，
手打莲花落（lào），
越打越热闹。

——织布

（三十八）

四四方方一块地，
搭起台子就唱戏，
一出唱的姜太公钓鱼，
一出唱的雪花落地。

——弹棉花

（三十九）

弯弯树，弯弯材，
弯弯树上挂银盘；
你别嫌它本事小，
能把地皮翻过来。

——犁

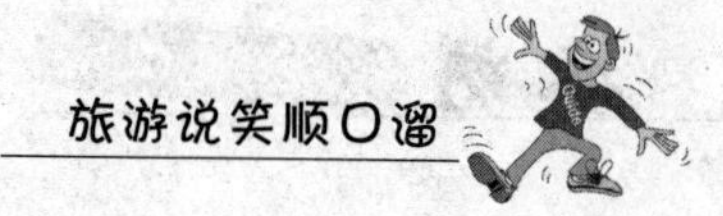

（四十）

弯弯脸，迎风笑，
常常尾巴往上翘；
你的毛病我知道，
夏吃麦子秋吃蹈。

——镰刀

（四十一）

去时喳喳叫，
回来叫喳喳；
别管天早晚，
黑了就回家。

——墨斗

（四十二）

一只小狗，
站在门口，
不咬不叫，
就是不让你进屋。

——锁

（四十三）

将军不像官样，
日夜守门站岗，
只要主人不在，
亲友也难进房。

——门锁

（四十四）

木头枕头木头被，
木头老头里面睡；
不怕老虎不怕贼，
半夜三更怕过谁？
就怕天明鸡子叫，
木头老头被辞退。

——门闩

（四十五）

弟兄俩，
一般大，
人家睡床上，
它却睡床下。

——鞋

（四十六）

两只小船同行，
各载客人五名；
白天来来往往，
夜晚客去船停。

——鞋

（四十七）

外国来个猴，
鼻子大过头；
头在前边在，
鼻子在后头。

——针

（四十八）

一人独自做，
二人不能做；
只要你不讲，
别人识不破。

——做梦

（四十九）

又无影来又无形，
巧笔丹青画不成；
三国之中助一阵，
从古到今留美名。

——风

（五十）

一个大来一个小，
一个会跳，
一个会跑，
一个吃肉，
一个吃草。

——骚字

（五十一）

红关公，
白刘备，
黑张飞，
三结义。

——荔枝

（五十二）

天下第一家，
出门先用它；
人人说它小，
三月开白花。

——赵、钱、孙、李四个字

（五十三）

去掉左边是树，
去掉右边是树，
去掉中间是树，
去掉两边还是树。

——彬字

（五十四）

合起来，
一个字，
分开来，
四个不。

——米字

（五十五）

多一笔，
教学生；
少一笔，
带士兵。

——师、帅字

(五十六)

二十四口紧相连，
庄稼人看它最值钱；
三十二口紧相连，
庄稼人看它最讨厌。

——苗、草字

(五十七)

日走千里不出房，
有文有武有君王；
亲生父子不同姓，
恩爱夫妻不上床。

——演戏

(五十八)

远看像座庙，
近看像抬轿，
活人说话，
死人乱跳，
死人赚的钱又被活人花掉。

——木偶戏

二十一、文化故事中的顺口溜

(一)一位顾客跟按摩师对话顺口溜

顾客:万里长城永不倒,我要健康按摩好不好?

按摩师:我们一不偷,二不抢,一心跟着共产党;

不占地,不占房,正规按摩绝不黄。

顾客:我按全身还捶背,希望价格不太贵。

按摩师:我们不偷税,不漏税,顾客来了很优惠。

顾客:万水千山总是情,少给一点行不行?

按摩师:人间自有真情在,你少付一点我不怪。

(二)郑板桥赶贼

清代的郑板桥罢官还家后,有个小偷以为他会存下很多钱财,就趁着月色来他家行窃。不料,郑板桥恰巧没有睡着。郑板桥没有大声叫喊,只低吟道:“细雨蒙蒙夜沉沉,梁山君子进我门。”小偷一听,知道自己被发现,就停住了手脚。郑板桥继续吟诗:“腹内诗书存千卷,床头金银无半文。”小偷听说没钱,就要转身出门。郑板桥又吟:“出门休惊黄尾犬。”小偷想有狗呀,我还是翻墙而去吧。这时又听郑板桥吟道:“越墙莫损兰花盆。”小偷仔细一看,果然墙上有一盆兰花,就小心地躲开。他刚跳到墙外,又听郑板桥在屋里吟诗:“天寒不及披衣送,趁着月色赴豪门。”

(三)成都人爱打麻将的笑话顺口溜

成都,休闲之都,中外闻名。喝茶、打麻将是多数成都人的首选,甚至感染外地人和老外。退休老人是这项活动的主力军,只要一说打牌,莫不一马当先,于是,有关他们的四言八句或顺口溜便应运而生,这些语言无损大局,无伤大雅,只是博尔一笑,但却入木三分。比如:“成都太婆真奇怪,家孙外孙都不带。连衣裙子加飘带,说起打牌比风快。”可见其执着。

又如:“玉麦须须苦瓜脸,南瓜肚皮鸡脚杆。坐车不要钱,免费上公园。中午各吃各,麻将打五角。赢了不开腔,输了紧到说,刚才还在扯,扯完又在约。”

童颜鹤发又老态龙钟,享受着优待。童心难泯,却又斤斤计较,但仍不忘下次的约会。

再如:“打牌打得大,回家要吵架;打牌打得小,健身又健脑;打牌不打钱,等于炒菜不放盐。”

再如:“成都老太婆,生活好快乐,坐车不要钱,吃在农家乐;打牌只打小五角,国家号召不赌博。”

(四)三国人物描写顺口溜

诸葛丞相

远瞻三分高榻旁,纵略天下古灯茫,
漫吟高韵随梁父,犹忆当年卧龙冈。

凤雏先生

才俊荆汉旧有名，百里区区半日平，
魂兮归去临蜀道，可怜九天凤雏星。

汉寿亭侯

干义薄云逐日游，青龙画断汉江流，
华夏振威千载后，楚江尤咽麦城秋。

燕人翼德

铁脊蛇矛将无敌，乌骓踢雪风雷迟，
若使阆中桓侯在，当阳桥下水向西。

常山赵云

龙骧奔腾冷锋青，银甲翻动闪流星，
千纫战袍血染透，虎威扶立汉家宁。

凉州马超

西郡骐骥擅良弓，少年英杰志恢宏，
七部九邦传天将，曹瞒尤惧渭水风。

老将黄忠

东川名震绵蜀中，宝刃雕弓显奇能，
世人休道廉颇老，未见长沙黄汉升。

颍上徐庶

智略机谋四海稀，孝节忠义九州奇，
西川汉家兴帝业，盍念新野徐元直。

忠孝姜维

千军九伐继武侯，汉室疲敝设奇谋，

成事于天徒饮恨，剑阁常怀将军愁。

义阳魏延

冷锋夺魂骏马奇，横扫南北剿东西，

纵然鲸吞贼十万，脑后反骨君早知。

（五）“酒色财气歌”

相传苏东坡有一日与京都相国寺佛印和尚对饮。酒意正浓，佛印和尚挥毫题写了一首“酒色财气歌”：“酒色财气四堵墙，人人都往里边藏。谁能跳出墙垛外，不活百岁寿也长。”苏东坡看着别有情趣，即和道：“饮酒不醉最为高，见色不迷是英豪。不义之财切莫取，和气忍让气自消。”后来宋神宗皇帝和王安石同游相国寺，看到墙上的“酒色财气歌”，颇感新鲜，便让王安石和一绝，王安石随即写道：“世上无酒不成礼，人间无色路人稀。民为财富才发奋，国有朝气方生机。”宋神宗接着吟道：“酒助礼乐社稷康，色育生灵重纲常。财足粮丰国家盛，气凝大宋如朝阳。”

二十二、中国地域习俗怪闻

(一)都市十八怪

(个别地方,个别现象)

影院只放录像带,夜半歌声传天外;
摊开麻将把客带,铁门铁窗不见怪;
猪肉牛肉冰冻卖,“珍稀”成为下酒菜;
“大款”争把狗猫爱,染起头发充老外;
污言秽语随口带,货物清仓大甩卖;
下水道口缺少盖,小摊小贩抢位快;
寺庙常有人去拜,好人偏去充乞丐;
老人成群好自在,旅店拉客死活拽;
锻炼只有老太太,高级轿车处处在。

(二)云南十八怪(旧时)

第一怪　竹筒当烟袋。
第二怪　草帽当锅盖。
第三怪　这边下雨那边晒。
第四怪　四季服装同穿戴。
第五怪　火车没有汽车快。
第六怪　火车不通国内通国外。
第七怪　老奶爬山比猴快。

第八怪　鞋子后面多一块。

第九怪　脚趾四季露在外。

第十怪　鸡蛋拴着卖。

第十一怪　粑粑叫饵块。

第十二怪　花生蚕豆数着卖。

第十三怪　三个蚊子一盘菜。

第十四怪　四个竹鼠一麻袋。

第十五怪　树上松毛扭着卖。

第十六怪　姑娘叫老太。

第十七怪　好烟见抽不见卖。

第十八怪　娃娃出门男人带。

(三)陕西十怪(旧时)

第一怪　面条像腰带。

第二怪　辣子是道菜。

第三怪　露天蹲着晒。

第四怪　唱戏吼天外。

第五怪　泡馍大碗卖。

第六怪　房子半边盖。

第七怪　帕帕头上戴。

第八怪　酥饼卖得快。

第九怪　姑娘不嫁外。

第十怪　碗盆大如盖。

(四)桂林十八怪

第一怪　两江四湖显气派。

第二怪　公交车免费把人载。

第三怪　景点处处有老外。

第四怪　钟乳石洞仙境赛。

第五怪　市区也有民族寨。

第六怪　高档公厕不见怪。

第七怪　会说外语的有老太。

第八怪　西瓜霜畅销海内外。

第九怪　郊外生猪跑屋外。

第十怪　旅游商品卖得快。

第十一怪　导游带客有能耐。

第十二怪　沙田柚皮可做菜。

第十三怪　“三宝”久存不变坏。

第十四怪　称朋友为狗肉不算坏。

第十五怪　米粉好吃便宜卖。

第十六怪　三姐歌声传世代。

第十七怪　四季花儿开不败。

第十八怪　空气清新人爽快。

(五)广州花钱三怪

第一怪　奇缺小钞编绷带。

第二怪　大钞爱用阳光晒。

第三怪　信用卡里学能耐。

(六)北京十九怪

第一怪　烤的鸭子卖得快。

第二怪　饭馆里面菜名怪。

第三怪　说话老把儿音带。
第四怪　胡同名称有谜猜。
第五怪　晨练都是老太太。
第六怪　小狗比人还可爱。
第七怪　撞车比谁更有派。
第八怪　胡同老宅拆得快。
第九怪　好好房子接一块。
第十怪　马路两年三次开。
第十一怪　宠物养得都挺怪。
第十二怪　京城建筑外形怪。
第十三怪　两轮要比四轮快。
第十四怪　半裸膀爷为凉快。
第十五怪　大姑娘爱把肚脐晒。
第十六怪　皇家宫苑连片盖。
第十七怪　长城雄险山上盖。
第十八怪　酒吧茶馆成片开。
第十九怪　旧京曾有八大怪。

(七)天津十八怪

第一怪　早晨不离一道菜。
第二怪　煎饼果子按套卖。
第三怪　麻花三秋酥脆在。
第四怪　“狗不理”名扬海内外。
第五怪　围着火炉喝柿罐儿。
第六怪　沙窝萝卜按个卖。
第七怪　吃大米来不就菜。

第八怪　因嘴典当人不怪。

第九怪　人间百态袖中揣。

第十怪　木板做出名画来。

第十一怪　天津女子爱红色。

第十二怪　扁担量布仗义在。

第十三怪　卫嘴子词蹦得快。

第十四怪　城郊花轿交错抬。

第十五怪　盐碱地成热地块。

第十六怪　“三不管”在旧时代。

第十七怪　“五大道”变六条来。

第十八怪　鼓楼没鼓钟来代。

(八)山西三十八怪

第一怪　路上煤车都“超载”。

第二怪　百样面食一样菜。

第三怪　飞刀削面真叫快。

第四怪　刀拨面条像比赛。

第五怪　吃菜把锅端上来。

第六怪　没老陈醋不吃“菜”。

第七怪　杂粮饭店到处开。

第八怪　十八般兵器布腰带。

第九怪　小儿小女挂香袋。

第十怪　伤风感冒拔火罐。

第十一怪　女儿“哭嫁”富得快。

第十二怪　木构古建都不坏。

第十三怪　云冈神佛笑颜开。

第十四怪　戏剧化石“耍孩儿”。
第十五怪　“九转黄河”人爽快。
第十六怪　“山曲”民歌汇成海。
第十七怪　木塔长到云天外。
第十八怪　五台山上吃素斋。
第十九怪　五顶朝拜争“投胎”。
第二十怪　男人挠痒婆姨摔。
第二十一怪　提桶买醋把队排。
第二十二怪　长寿“头脑”冬春卖。
第二十三怪　铁棍背棍颤着抬。
第二十四怪　太古彩灯美得“太”。
第二十五怪　大寨人把旅店开。
第二十六怪　晋商大院游客待。
第二十七怪　左权花戏扭、摆、甩。
第二十八怪　伞头秧歌唱“对台”。
第二十九怪　人鸟同祭祖宗来。
第三十怪　重塑自我奔“死海”。
第三十一怪　“背冰亮膘”小伙帅。
第三十二怪　平陆窑洞地下盖。
第三十三怪　待客佳肴“老虎菜”。
第三十四怪　脸上磨红添“喜彩”。
第三十五怪　无碱馒头真不赖。
第三十六怪　喝酒掷骰最痛快。
第三十七怪　“白起”豆腐烧着卖。
第三十八怪　媳妇半夜“偷”回来。

(九)内蒙古二十一怪

第一怪　早穿棉,午穿纱,晚上抱着火炉吃西瓜。

第二怪　青冢不青,白塔不白。

第三怪　昭君一人嫁塞外,香踪却在几处埋。

第四怪　内陆高地水无缘,城东城西竟有“海”。

第五怪　无垠草地当床用,仰天但见天如盖。

第六怪　肉、奶、饭、炊均为茶,白食红食誉中外。

第七怪　无梁、无墙、无柱、无堂,圆包为户支起来。

第八怪　五彩斑斓,绚丽多样,蒙古之袍令人爱。

第九怪　西边金乌正高悬,东头星光云天外。

第十怪　说是凉城,温泉烫身;起名鸿茅,价贵茅台。

第十一怪　西“做甚”东“嘎哈”,“老板”一称两种差(chāi)。

第十二怪　蒙古式建筑为中心,异族风格亦添彩。

第十三怪　成吉思汗圣主陵墓,蒙古精神由衷来。

第十四怪　万里草原地无涯,历代英魂究安在。

第十五怪　硕大肥羊赛耕牛,肋骨还要多一块。

第十六怪　白毛黄毛风沙舞,吹我“飞机”螺旋桨。

第十七怪　草原儿女多奇杰,那达慕上赛一赛。

第十八怪　说“被子”不能卖,说“稍美”实烧卖。

第十九怪　“娥”为女,“爷”为郎,新鞋旧鞋都是“害”。

第二十怪　大召不大,小召不小——怪!怪!怪!

第二十一怪　座座高山平地起,唯独不见“陶牢盖”。

(十)哈尔滨老三怪

第一怪　窗户纸糊在外。

第二怪　大姑娘叼个旱烟袋。

第三怪　养个孩子吊起来。

哈尔滨新十怪：

第一怪　秋林的面包像锅盖。

第二怪　俄式红肠不够卖。

第三怪　寒冬腊月“吃冰块”。

第四怪　喝起啤酒像灌溉。

第五怪　泳池开在冰天外。

第六怪　裘皮大衣毛朝外。

第七怪　满城都有冰景在。

第八怪　狗拉爬犁跑得快。

第九怪　冰房里面谈恋爱。

第十怪　冰天雪地花不败。

(十一)辽宁十二怪

第一怪　扁平的脑勺受优待。

第二怪　冰上打滚把病甩。

第三怪　柳筐提水最实在。

第四怪　吃完的骨头当宝待。

第五怪　热乎肉片油饼里塞。

第六怪　新鲜的鸭梨冻黑了卖。

第七怪　苞米蔬菜屋顶晒。

第八怪　不爱珍馐爱野菜。

第九怪　红衣绿裤转海外。

第十怪　黑菜饺子抢得快。

第十一怪　醋泡的大蒜是好菜。

第十二怪　鲜鱼剁成肉馅卖。

（十二）上海二十一怪

第一怪　窗外杆子飘彩带。

第二怪　上海话把啊拉带。

第三怪　石库门建筑连成带。

第四怪　外滩景观真不赖。

第五怪　金茂大厦名在外。

第六怪　二龙一珠人人爱。

第七怪　出门就能见老外。

第八怪　世博扬名海内外。

第九怪　上海建筑赛国外。

第十怪　一年四季绿不败。

第十一怪　上海街景赛国外。

第十二怪　开车出城要忍耐。

第十三怪　南翔小笼抢着买。

第十四怪　要淘东西七浦卖。

第十五怪　云南小吃往回带。

第十六怪　江南丝竹特别怪。

第十七怪　梨膏糖治病真不赖。

第十八怪　城隍古庙招人爱。

第十九怪　上海沪剧特别爱。

第二十怪　特色酒吧惹人爱。

第二十一怪　上海外滩不是滩。

（十三）南京十怪

第一怪　城墙形状有点怪。

第二怪　毛娃满月抱门外。

第三怪　羊肠小巷出不来。

第四怪　晴天马桶满街晒。

第五怪　穿着裤头扎皮带。

第六怪　南京老头怕老太。

第七怪　五彩石头满街卖。

第八怪　街边老头摆擂台。

第九怪　春夏家家吃野菜。

第十怪　“四件”比肉卖得快。

(十四)镇江三怪

第一怪　香醋摆不坏。

第二怪　肴肉不当菜。

第三怪　面锅里煮锅盖。

(十五)徐州十七怪

第一怪　彭祖活了800岁。

第二怪　张陵修道成了仙。

第三怪　刘邦生来是龙种。

第四怪　霸王别姬成了菜。

第五怪　关盼盼十年不下楼。

第六怪　苏小妹跳河救徐州。

第七怪　霸王埋在山洞里。

第八怪　汉画刻在石头上。

第九怪　地下挖出城下城。

第十怪　山名都用动物代。

第十一怪　微山湖鲤四鼻孔。

第十二怪　造个饦(读 shá)字作汤名。

第十三怪　茶杯用来喝白酒。

第十四怪　五毒用作下酒菜。

第十五怪　狗肉不能用刀切。

第十六怪　伏羊吃成文化节。

第十七怪　铁轨焊成大棋盘。

(十六)杭州老四怪

第一怪　断桥不断。

第二怪　长桥不长。

第三怪　孤山不孤。

第四怪　冷泉不冷。

杭州新四怪:

第一怪　茶叶当作一道菜。

第二怪　丝绸当作被子盖。

第三怪　竹子当作宝贝卖。

第四怪　杭州老头怕老太。

(十七)湖北二十三怪

第一怪　竹席凉席当街盖。

第二怪　热干面过早人人爱。

第三怪　麻将“斗地主”天天赛。

第四怪　长江汉水游得快。

第五怪　鱼米之乡离不开。

第六怪　要吃鱼丸到郊外。

第七怪　外婆、姥姥称“家家”。

第八怪　“麻木”比的士跑得快。

第九怪　二奶、情人称情况。

第十怪　鸭脖子比鸭子卖得快。

第十一怪　半山坡上设站台。

第十二怪　草根当作上席菜。

第十三怪　鲟鱼上岸生子回大海。

第十四怪　萝卜饺子馅在外。

第十五怪　山山水水在阳台。

第十六怪　石头当宝藏起来。

第十七怪　用电要到外地买。

第十八怪　水果肚脐露在外。

第十九怪　三个枣子一麻袋。

第二十怪　喜事儿又哭又闹乐开怀。

第二十一怪　丧事又蹦又跳诉悲哀。

第二十二怪　四月水中桃花开。

第二十三怪　五十万悬赏把人买。

(十八)江西八大怪

第一怪　古棺放在峭壁上。

第二怪　湖里野草当宝卖。

第三怪　糕点可以点燃卖。

第四怪　房屋都用铁瓦块。

第五怪　老表传遍省内外。

第六怪　客家擂茶制作怪。

第七怪　七朵金花真叫怪。

第八怪　美景四季都不赖。

（十九）广州十七怪

第一怪　蛇虫蚁鼠都做菜。

第二怪　稀饭和肉混一块。

第三怪　骨头价格比肉贵。

第四怪　先喝汤来后上菜。

第五怪　煲汤必用中药材。

第六怪　满街凉茶当药卖。

第七怪　不上茶楼不痛快。

第八怪　敬茶还礼手叩拜。

第九怪　例牌夜宵通宵在。

第十怪　年年三十把花买。

第十一怪　房屋骑着街道盖。

第十二怪　羊肉带皮一起卖。

第十三怪　初一十五把神拜。

第十四怪　只管拜神不管派。

第十五怪　华侨遍布海内外。

第十六怪　公共汽车没票卖。

第十七怪　信用卡里面学等待。

（二十）广西十八怪

第一怪　绣球最大马最矮。

第二怪　男女恋爱摆歌台。

第三怪　大年初一祭蚂拐。

第四怪　百岁寿星能打柴。

第五怪　草帽盖着地一块。

第六怪　稻谷种到云天外。

第七怪　不叫南海叫北海。

第八怪　海边红树也怀胎。

第九怪　象鼻饮水山叠彩。

第十怪　米粉吃出三大派。

第十一怪　粽粑大得像猪崽。

第十二怪　石头当成宝贝卖。

第十三怪　礼品店里卖棺材。

第十四怪　满街都是一脚踹。

第十五怪　山在城里楼在外。

第十六怪　乐业天坑成群摆。

第十七怪　千年铜鼓敲不坏。

第十八怪　花山壁画好难猜。

(二十一)新疆十八怪

第一怪　敬酒歌声不外卖。

第二怪　鞭子底下谈恋爱。

第三怪　达城姑娘把妹带。

第四怪　吃的烤馕像锅盖。

第五怪　大盘鸡里拌皮带。

第六怪　风吹石头砸脑袋。

第七怪　胶鞋套在皮靴外。

第八怪　猪字不要随便说。

第九怪　兵团姑娘不对外。

第十怪　夏日要把皮袄带。

第十一怪　铁床摆在大门外。

第十二怪　男人爱把花帽带。
第十三怪　汽车要比火车快。
第十四怪　结婚宴席无酒菜。
第十五怪　井底全部连起来。
第十六怪　香甜瓜果吃不败。
第十七怪　美玉泡酒酒更醇。
第十八怪　古丝道上地名怪。

（二十二）陕西十大怪

第一怪　面条宽得像裤带。
第二怪　锅盔大得赛锅盖。
第三怪　油泼辣子一道菜。
第四怪　老碗脸盆分不开。
第五怪　家家房子半边盖。
第六怪　板凳不坐蹲起来。
第七怪　妇女手帕头上戴。
第八怪　秦腔大戏吼起来。
第九怪　老太婆爬树比猴快。
第十怪　大姑娘对内不对外。

（二十三）武夷山十怪

第一怪　茶树长在石头外。
第二怪　茶叶炒炒也当菜。
第三怪　桐木红茶卖国外。
第四怪　鲤鱼晒成干来卖。
第五怪　活蛇泡在酒中卖。

第六怪　石头也会谈恋爱。

第七怪　悬崖峭壁安家寨。

第八怪　保护区里出角怪。

第九怪　竹筏漂流人人爱。

第十怪　世外桃源今犹在。

(二十四)云南新十八怪

第一怪　春天也当品牌卖。

第二怪　民族村全国处处开。

第三怪　公交站台街中排。

第四怪　搭机都把鲜花戴。

第五怪　香烟名牌数不来。

第六怪　游客来了家家派。

第七怪　红嘴鸥把翠湖爱。

第八怪　宣科说乐怪中怪。

第九怪　古城街上住老外。

第十怪　品牌见红就不败。

第十一怪　出租车女人开。

第十二怪　外景都来云南拍。

第十三怪　阿诗玛说 GOOD BYE。

第十四怪　海埂集训见效快。

第十五怪　香格里拉处处在。

第十六怪　一杆打到云天外。

第十七怪　越南种菜云南卖。

第十八怪　小资都把丽江赖。

(二十五)重庆十八怪

第一怪　房如积木顺山盖。

第二怪　三伏火锅逗人爱。

第三怪　坐车没得走路快。

第四怪　空调蒲扇同时卖。

第五怪　背起棒棒满街站。

第六怪　女士喜欢露膝盖。

第七怪　龟儿老子随口带。

第八怪　不吃小面不自在。

第九怪　光着膀子逛大街。

第十怪　街边打望好愉快。

第十一怪　办报如同种白菜。

第十二怪　崽儿打赌显豪迈。

第十三怪　矮小伙高姑娘爱。

第十四怪　摊开麻将把客待。

第十五怪　公交车上摆擂台。

第十六怪　宝气处处都存在。

第十七怪　人名没得地名怪。

第十八怪　丧事当作喜事办。

(二十六)潮汕十八怪

第一怪　海盗藏宝谜难猜。

第二怪　舌镜奥秘解不开。

第三怪　火车路离站十里外。

第四怪　涂角垒墙当砖块。

第五怪　骑楼避雨又防晒。

第六怪　琴棋书画自成派。

第七怪　泰国国王潮州仔。

第八怪　木船前头红一块。

第九怪　一条水布随身带。

第十怪　地瓜叶子护国菜。

第十一怪　海水淹井水不坏。

第十二怪　敬神要把神拖坏。

第十三怪　八月成神速度快。

第十四怪　活蟹生蚶吃不坏。

第十五怪　粥是最爱药当菜。

第十六怪　“买”是“不要”。

第十七怪　佛道不分一起拜。

第十八怪　工夫茶香浓得怪。

(二十七)丽江十八怪

第一怪　星星月亮背上戴。

第二怪　东巴文字像图画。

第三怪　百岁寿星多老太。

第四怪　古城四季花不败。

第五怪　古城石板踩不坏。

第六怪　锅灶搭在流水上。

第七怪　土司的背篓不能站。

第八怪　生意买卖女人做。

第九怪　棍棍棒棒元宵买。

第十怪　女人杀猪比男人快。

第十一怪　摩梭爸爸住家外。

第十二怪　猪槽能把船来代。
第十三怪　凉粉用锅煎着卖。
第十四怪　丽江粑粑放不坏。
第十五怪　老虎跳过江两岸。
第十六怪　干龟爬在云天外。
第十七怪　四季衣服同穿戴。
第十八怪　纳西古乐传海外。

（二十八）南宁十八怪

第一怪　四季花草绿不败。
第二怪　满城果树连成带。
第三怪　满街都是一脚踹。
第四怪　单车头上阳伞盖。
第五怪　瓜果蔬菜烤着卖。
第六怪　一年时兴一种菜。
第七怪　餐餐米粉也不赖。
第八怪　想吃鸭子到郊外。
第九怪　美食纪录破得快。
第十怪　友仔友女不排外。
第十一怪　说话爱把尾音带。
第十二怪　有毛小球常打坏。
第十三怪　出门扑克随身带。
第十四怪　划拳猜码有比赛。
第十五怪　南巴凉鞋真实在。
第十六怪　半夜三更还在外。
第十七怪　晚会门票打折卖。

第十八怪　民歌也可赚外快。

(二十九)济南十九怪

第一怪　打车付钱加一块。

第二怪　街头烧烤人人爱。

第三怪　公交没有牛车快。

第四怪　电线杆子路边排。

第五怪　国有企业垮得快。

第六怪　不说很好说岗赛。

第七怪　广场绿地尽种菜。

第八怪　修路没有扒得快。

第九怪　茅屋旁边高楼盖。

第十怪　城中到处地摊摆。

第十一怪　人行道上水泥块。

第十二怪　一到雨天闹水灾。

第十三怪　道路适合拉力赛。

第十四怪　公交九点就停开。

第十五怪　繁华街区旧民宅。

第十六怪　周末广场看球赛。

第十七怪　姑娘不太会穿戴。

第十八怪　烧饼羊汤真不赖。

第十九怪　繁华路段尽乞丐。

(三十)海南十五怪

第一怪　三个蚊子一盘菜,腿还伸在盘子外。

第二怪　三个老鼠一麻袋。

第三怪　三条蚂蟥一皮带。

第四怪　文昌人的脑袋半边晒。

第五怪　斗笠当锅盖。

第六怪　蚂蚁树上把窝盖。

第七怪　老太太爬树比猴快。

第八怪　裤衩子当做帽子戴。

第九怪　短裤穿在长裤外。

第十怪　臭鱼烂虾一道菜。

第十一怪　人不穿鞋牛穿鞋。

第十二怪　牛头下雨牛尾晒。

第十三怪　牛比警察还厉害。

第十四怪　牛车跑得比火车快。

第十五怪　一条裤子穿三代。

新版海南二十八怪：

第一怪　椰子全身都是宝。

第二怪　香蕉菠萝要出岛。

第三怪　岛上温泉泡不完。

第四怪　地下水里多矿泉。

第五怪　农家青菜无公害。

第六怪　南海油气要外卖。

第七怪　海头海尾五十里。

第八怪　东方原来在西至。

第九怪　东西乡镇对称排。

第十怪　南北公路五彩带。

第十一怪　九县竟有十方言。

第十二怪　一村不识一村人。

第十三怪　公路收费最便宜。

第十四怪　一脚油门踩到底。

第十五怪　岛上农场特别多。

第十六怪　橡胶产品天上飞。

第十七怪　松涛水库过山腰。

第十八怪　大广坝边多黎苗。

第十九怪　琼山故土多才俊。

第二十怪　金花村里两宰相。

第二十一怪　四大名菜个个帅。

第二十二怪　腌粉炒粉也不赖。

第二十三怪　火车不如汽车快。

第二十四怪　野鼠也是一道菜。

第二十五怪　避暑胜地尖峰岭。

第二十六怪　白沙冷泉更有情。

第二十七怪　琼海娘子举红旗。

第二十八怪　博鳌小镇大名气。

二十三、饮酒文化顺口溜

(1)感情深,一口闷;感情浅,喝一点。没有感情赏个脸。

(2)出门在外,老婆有交代:少喝酒,多吃菜;夹不着,站起来;人劝酒,别理睬;有人敬,耍耍赖;实在不行请人代。吃不了,带回来。

(3)兴也罢,衰也罢,喝吧!

穷也罢,富也罢,醉吧!

(4)酒逢知己千杯少,能喝多少算多少;

喝多喝少要喝好,会喝不喝就不好。

(5)为了生活,四处奔波,终日操劳,感触颇多。工作虽辛苦,应酬更难过。红白喜事天天有,同窗好友相聚多。酒席上逞能,误事太多。回到家里,老婆啰嗦;夫妻恩爱,酒水消磨。所以说:出门在外,老婆有交代。少喝酒来多吃菜,能喝就喝,不能就赖,赖不了,找人代。代不了,跑门外,转上三圈再回来。

(6)陪酒——上顿陪,下顿陪,终于陪出个胃下垂。

(7)只要你拿得出手,我就喝得上口。

可我一杯下肚,就两眼昏花,

害我颠三倒四,五脏六腑是七上八下,

酒是好酒,可我十分难受。

二十四、企业文化顺口溜

信守承诺,守法守德——诚信正直。
国际视野,国际接轨——国际标准。
培育人才,团队合作——永续发展。
没有最好,只有更好——与时俱进。
创新求变,成长学习——创新学习。
设备环境,呵护倍至——安全安心。
感恩分享,回馈社会——善尽责任。
坚定信念,奋斗不懈——实现目标。
自主自治,自律自重——民族自尊。

二十五、祖国各地名胜、名人、名品

1. 北京

名胜:八达岭长城、故宫、周口店北京猿人遗址、天坛、颐和园(以上五项已列入《世界遗产名录》)、天安门广场(世界第一大广场)、北海、景山、明十三陵、雍和宫、世界公园、中关村科技园区、王府井、世纪坛、长安街、胡同游

名人：鲁迅、宋庆龄、郭沫若、梅兰芳、老舍、徐悲鸿、曹雪芹、茅盾

名品：京剧、老舍茶馆、烤鸭、涮羊肉、豆汁、臭豆腐、果脯、茯苓夹饼、同仁堂、牙雕、玉雕、景泰蓝

2. 上海

名胜：豫园、玉佛寺、龙华寺、浦东、杨浦大桥、一大会址、外滩、上海博物馆、东方明珠、上海大世界

名人：孙中山、鲁迅、宋庆龄、赵丹、白杨、谢晋、巴金、刘海粟

名品：南京路商场的衣服、皮鞋、豫园商场梨膏糖、五香豆、点心、上海帮菜

3. 天津

名胜：水上公园、古文化街、广东会馆、宁园、南市食品街、黄崖关长城、大沽炮台、大悲院、盘山、独乐寺

名人：泥人张、风筝魏、马三立

名品：小站米、狗不理包子、大麻花、锅贴、锅巴菜、果仁、炸糕

4. 重庆

名胜：红岩村革命纪念馆、大足石刻、歌乐山烈士陵园、长江三峡、枇杷山公园、南温泉公园、大宁河小三峡

名人：重庆谈判时的毛泽东、周恩来、张治中

名品：柑橘、沱茶、漆器、药材（天麻、贝母、虫草、杜仲）、火锅、嘉陵江牌摩托车

5. 江苏

名胜：中山陵、雨花台、夫子庙、金山庙、瘦西湖天宁寺、太湖、三国城、虎丘山、拙政园、寒山寺、周恩来故居、

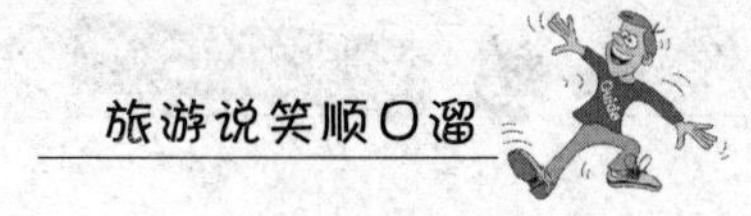

云龙山、花果山

名人:鉴真和尚、史可法、周恩来、吴承恩、马可·波罗

名品:南京板鸭、盐水鸭、太仓肉松、苏州刺绣、无锡泥人、肉骨头、扬州糕点、淮扬菜、镇江香醋、宜兴陶壶、碧螺春

6. 广东

名胜:白云山、黄花岗、广交会、花市、越秀公园、佛山公园、肇庆七星岩、韶关丹霞山、深圳锦绣中华、中国民俗文化村、世界之窗、佛山祖庙

名人:孙中山、冼星海、康有为、宋庆龄、廖仲恺、陈香梅、彭湃、李政道

名品:四大名果(香蕉、荔枝、菠萝、甘蔗)、佛山陶器、牙雕、东莞烟火、广东菜、潮州菜、肇庆草席、端砚

7. 河南

名胜:黄河游览区、龙亭、“二七”纪念馆、龙门石窟、白马寺、关林、石窟寺、杜甫故里、宋都一条街、宋陵、殷墟、少林寺

名人:庄子、杜甫、包公、张仲景、张衡、白居易、花木兰、岳飞、常香玉、袁世凯

名品:唐三彩、宫灯、仿青铜制品、牡丹、黄河鲤鱼、新郑大枣、汴绣、开封小吃、信阳毛尖

8. 河北

名胜:承德避暑山庄、外八庙、清东陵、清西陵、北戴河、山海关、白洋淀、野三坡、赵州桥、沧州铁狮子、白求恩墓、柯棣华墓

名人:李大钊、狼牙山五壮士、乾隆、孟姜女、张飞、荆

轲、祖冲之、马本斋

名品:宜化葡萄酒、雪花梨、猕猴桃、山楂、冬枣

9. 山西

名胜:北岳恒山、佛教名山五台山、云冈石窟、壶口瀑布、晋祠、应县木塔、平遥古城、尧庙、丁村民俗博物馆、华严寺、大禹渡

名人:吕洞宾、司马光、霍去病、卫青、郭兰英、陈永贵、郭凤英、阎锡山

名品:煤炭、汾酒、竹叶青、陈醋、平定砂锅

10. 山东

名胜:泰山、孔庙、孔林、孔府、趵突泉、崂山、蓬莱阁、岱庙

名人:孔子、李清照、孔尚任、戚继光、丁汝昌、邓世昌、蒲松龄、辛弃疾、孟子、丁肇中、孔繁森

名品:潍坊风筝、杨家埠木版画、青岛啤酒、青岛海尔电器、山东阿胶、煎饼、大葱

11. 浙江

名胜:杭州西湖、灵隐寺、岳庙、绍兴东湖、兰亭、鲁迅故居、周恩来故居、天一阁、普陀山、奉化蒋氏故里、千岛湖、富春江、南湖

名人:周恩来、鲁迅、蒋经国、秋瑾、包玉刚、蔡元培

名品:龙井茶、扇子、丝绸、张小泉剪刀、金华火腿、越剧、绍兴黄酒、茴香豆、宁波草席

12. 安徽

名胜:黄山、九华山、歙县石坊及明清建筑、凤阳明中都城、明皇陵、包公祠

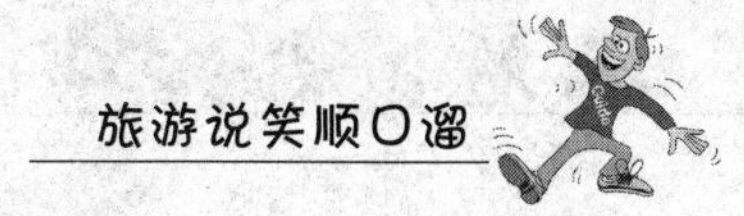

名人:李鸿章、陈独秀、杨振宁

名品:徽墨、宣纸、歙砚、徽菜、徽派建筑、黄山毛峰、合肥银鱼、白米虾、亳州药材

13. 四川

名胜:乐山大佛、都江堰、青城山、峨眉山、九寨沟、黄龙、杜甫草堂、武侯祠、自贡博物馆、李白故里

名人:李白、武则天、杨贵妃、苏轼、郭沫若、刘伯承、邓小平、刘晓庆

名品:瓷胎竹编、蜀绣、川贝母、天麻、川菜、火锅、五粮液、泸州特曲、古井贡酒

14. 贵州

名胜:黄果树瀑布、黔东南民族风情、遵义会议会址、㵲阳河、织金洞、天池龙宫、吊脚楼、江枫湖

名人:王阳明、王若飞

名品:董酒、茅台酒、蜡染、苗族刺绣、“恋爱豆腐果”、苗族银饰、傩面具、芦笙、水果

15. 云南

名胜:世博园、西山龙门、滇池、大观楼、石林、云南民族村、西双版纳、大理三塔、蝴蝶泉、苍山洱海、丽江古城、香格里拉、摩梭人“花楼”

名人:郑和、聂耳、孙髯翁

名品:云南烟草、云南白药、宣威火腿、个旧锡制品、三七、大理草帽、普洱茶、大理石、过桥米线

16. 陕西

名胜:秦始皇陵兵马俑、秦始皇墓、陕西历史博物馆、大雁塔、小雁塔、华山、法门寺、黄帝陵、华清池、大明宫、

八路军西安办事处、茂陵

名人：秦始皇、唐太宗、武则天、玄奘法师、司马迁、李自成

名品：羊肉泡馍、腊羊肉、西安扎染、花生、红枣、甘草、核桃、石榴、饺子宴

17. 新疆

名胜：天池、红山、南山牧场、高昌古城、交河故城、火焰山、葡萄沟、坎儿井、拜城、克孜尔千佛洞、艾提尕尔清真寺、喀什巴扎、罗布泊、古罗兰城、苏公塔

名人：额敏和卓、张骞、毛泽民、包尔汉、赛福鼎、王震、王恩茂、新疆百岁老人占全国的37%

名品：和田玉、小花帽、热瓦甫、清水壶、羊绒衫、地毯、烤全羊、抓饭、拉条子、吐鲁番葡萄、哈密瓜、香梨

18. 湖北

名胜：武当山、黄鹤楼、武汉东湖、葛洲坝、高岗风景区、归元寺、古琴台、襄阳古城、赤壁、关羽陵墓、神农架

名人：屈原、王昭君、诸葛亮、关羽、俞伯牙、钟子期、米芾、李时珍、李四光

名品：武昌鱼、武汉铜锣、洪湖羽毛扇、三峡玉彩陶、武汉汤包、三鲜豆皮

19. 湖南

名胜：武陵风景区、岳阳楼、橘子洲、毛泽东故居、刘少奇故居、岳麓山、衡山、马王堆

名人：蔡伦、范仲淹、齐白石、毛泽东、刘少奇、彭德怀

名品：湘绣、醴陵瓷器、辣椒、君山茶、臭豆腐

20. 福建

名胜：武夷山、厦门鼓浪屿、鼓山、开元寺、芝山、泉州

海外交通史博物馆、闽西土楼

名人:郑成功、林则徐、詹天佑、严复、林纾、陈嘉庚、陈景润

名品:佛跳墙、福州角梳、纸伞、漆器、寿山石雕塑、岩茶、蛇宴、香菇

21. 广西

名胜:桂林山水、芦笛岩、七星岩、灵渠、伊岭岩、柳侯祠、金田起义旧址、白虎滩、文昌塔

名人:柳宗元、洪秀全、石涛

名品:桂林米粉、桂林三花酒、罗汉果、绣球、壮锦、尼姑面、合浦珍珠

22. 甘肃

名胜:敦煌莫高窟、嘉峪关、麦积山、五泉山、炳灵寺、拉朴楞寺、大云寺、马蹄寺石窟、阳关、鸣沙山、月牙泉

名人:李广、李渊、李白

名品:夜光杯、兰州拉面、白兰瓜、玉门油田、黄花、薄皮核桃、白瓜子、花牛苹果

23. 东北三省

名胜:哈尔滨冰雪节、镜泊湖、五大连池、汽车城、长白山、松花湖、沈阳故宫、千山、净月潭、金石滩——神力雕塑公园、周恩来读书旧址、大连市容、丹东市容

名人:李成梁(明朝名将)、完颜希伊(金代政治家)、李兆麟、杨子荣、张学良

名品:老边饺子、营口烧鸡、朝阳驴肉、盘锦大米、大连贝雕、人参、貂皮、鹿茸、牛角雕、大马哈鱼

24. 宁夏

名胜:海宝塔、青铜峡、一百零八塔、须弥山石窟、西

夏王陵、银川南关清真寺、贺兰山岩画、沙坡头游览区、沙湖游览区、黄河水车、六盘山

名人:穆桂英、梁鹄(三国书法家)

名品:枸杞、枸杞酒、地毯、贺兰山石雕、甘草、羊皮、绒毯、煤、锅盔、粉汤饺子

25. 内蒙古

名胜:五塔寺、昭君墓、赛马场、草原、五当召、库布齐沙漠、广觉寺、成吉思汗陵

名人:成吉思汗、王昭君、宗喀巴、拖雷(成吉思汗之子)、阿拉坦汗、乌兰夫

名品:呼呼尔(鼻烟壶)、沙米、烤全羊、手把肉、奶皮、奶酪、毛皮、马奶酒、黄酒、口蘑、瓜子、皮张、甘草、杏仁

26. 青海

名胜:塔尔寺、西宁清真大寺、青海湖、鸟岛、日月山、龙羊峡、文成公主庙、北婵寺、格尔木市、雪山、草原、长江、黄河源头田野风光

名人:文成公主、法显(晋代高僧)、宗喀巴

名品:豌豆、青稞、胡麻、羚角、白唇鹿、地毯、雕塑、壁画、堆绣、酥油花、白酥油、花儿

27. 西藏

名胜:布达拉宫、罗布尔卡、大昭寺、白居寺、扎什伦布寺、八廓街、藏王陵、圣山圣湖、小昭寺、哲蚌寺、色拉寺、萨迦寺、江孜宗山炮台

名人:松赞干布、文成公主、五世达赖阿旺、洛桑、嘉错、达赖十三世禄东赞、赤德颂赞七世班禅、四世班禅、十世班禅大师、布顿·仁青珠

名品：哈达、藏袍、藏刀、金华帽、唐卡、藏毡、围裙、“风马旗”、面具、狐皮帽、酥油、酥油茶、青稞酒、风干肉、糍粑、木碗、藏靴、虫草、藏红花、贝母、砖茶

28. 澳门特别行政区

名胜：大三巴牌坊、三八仔、古炮台、西望洋山、东望洋山、观音堂、妈祖阁、玫瑰堂、市政厅、澳凼大桥、路环岛、卢园、莲峰庙、白鸽巢公园黑沙湾

名人：奥维士、韦奇立、高斯达、何贤、马万琪、何鸿燊、马俊贤

名品：葡国菜、制衣、电子、玩具、博彩

29. 台湾地区

名胜：日月潭、阿里山、玉山、大屯山、鲁阁幽峡、安平城、澎湖渔火、台南孔庙、台南武庙

名人：蒋介石、蒋经国、李登辉、连战、郝柏村、辜振甫

名品：家电产品、鞋类、装饰灯、雨伞、点心

30. 香港特别行政区

名胜：中环、天星码头、殖民地建筑、香港礼宾府、太平山顶、香港公园、文武庙、湾仔、胡文虎公园、维多利亚公园、迪斯尼乐园、海洋公园、集古村

名人：李嘉诚、嘉道理、包玉刚、李兆基、董建华、麦理浩、安子介、霍英东

名品：服装、皮鞋、皮包、领带、珠宝、古董、电子产品、时装、美容产品、计算机、参茸、海味

二十六、为人处世歌谣

人生处世很艰难，坎坎坷坷有万千；
得意不能自骄傲，逆境不宜太悲观；
困难时期要坚强，欢乐时候要谨慎；
心态良好情愉快，遇事向人细商量；
弹簧你强它就弱，你若是弱它就强；
人的一生是学识，三人同行有我师；
出入平安要注意，胸襟宽阔海量涵；
一家和顺生富贵，回途传名遇贵人；
若是你刁我不拗，幸福美满难做成；
父子和而家不败，兄弟和而家不分；
夫妻诚信又相敬，家庭才会有温馨；
万恶都以淫为首，害己害儿害妻室；
一点笑容最可爱，家里立即见光明；
家务需要勤料理，物品安放要整齐；
盛世家和人兴旺，春夏秋冬日子甜。
珍惜时间是生命，投入学识工作中；
闲时做来急时用，渴了挖井事不成；
怕贫休要去浪荡，爱富不到处闲游；
要想家庭生富贵，必须向那苦中求；
勤读勤写勤钻究，白发不悔读书迟；

有事不要推明早，今日所想就要行；
若是偷懒不行动，此事肯定做不成；
一寸光阴一寸金，寸金难买寸光阴。
用钱定要有计划，来的清要去的明；
常将有日当无日，莫把无时当有时；
勤勤俭俭粮满仓，大手大脚仓底光；
古云积少可成多，积攒钱财讨老婆；
养父养母养家眷，若无远虑有近忧；
汗水滋润是甘露，勤奋理想是飞翔；
来年大展生平志，生财有道笑开颜；
书到用时方恨少，事非经过不知难；
兢兢业业勤工作，献出本领为人民；
若是疏忽和大意，会被单位“炒鱿鱼”；
做菜洗碗勤打扫，不嫌琐碎和麻烦；
饭前洗手无疾病，枕被常晒去螨虫；
衣食起居有条理，工作生活有规律；
人老先从脚下始，增寿可从脚下行；
懒惰结晶是痛苦，勤奋结晶是幸福。
见了熟人要招呼，免得别人来看轻；
你肯敬人人敬你，须知这是好规矩；
迎送客人有礼貌，客人刚走轻关门；
人际关系难理解，知心朋友要难寻；
朋友相交宜谨慎，狼群狗党莫相亲；
休因酒肉为知己，日久才能见人心；
锦上添花人人有，雪中送炭世间无；
四海之内皆兄弟，留心择友益无穷；

豺狼露齿不是笑，备好棍棒来对付；
人出不怕伤人虎，只怕两面三刀人；
画虎虎皮难画骨，知人知面不知心；
逢人只说三分话，不可全抛一片心；
拐子扒手很巧妙，轻松把你钱偷光；
关锁门户要自检，电火液气要关牢；
上街购物细看货，提防假冒充正品；
万事都在忙中错，思量考究便无差。
处世板路相当多，灵活应对巧安排；
正确解剖识自己，认识自己不容易；
温顺父亲母亲意，勿做不孝忤逆男；
好言一句心中爱，恶言伤人六月寒；
静坐当思自己过，闻谈莫论别人非；
识情不可争闲事，鱼水和皆共春秋；
长江一去无回浪，人生何曾再少年；
成事成名成大业，果满枝头谷满盈。

二十七、观天气秘诀

云

风静郁蒸热，风雷必振裂。东风云过西，雨下不待时。
云起南山暗，风雨辰时见。日出即遇云，天雨必天阴。

云随风雨疾，风雨霎时息。迎云对风行，风雨转时辰。
日落黑云接，风雨不可说。云布满山低，连夜雨乱飞。
云从龙门起，飓风连急雨。西北黑云生，雷雨必震声。
红云日出生，劝君莫远行。红云日没起，晴明不可许。
天上鱼鳞云，地上雨淋淋。天上扫帚云，三日雨淋淋。
天上花花云，地上晒死人。云彩吃了虹，下个没有停。
不孤黑云长，下雨不过响。早晨游云走，中午晒死狗。
红云变黑云，必定下雨淋。红白黑云绞，雹子小不了。
早起天无云，日出光渐明。暮看西边明，来日定晴明。
丝天外飞云，久晴便可期。清晨起海运，风雨待时辰。
无云栏东行，不雨就刮风。乌云接落日，天变在明日。
黑紫云如牛，狂风急如流。黑云镶金边，下雨不过三。
满天馒头云，明天雨淋淋。火烧云盖头，大雨来得快。
月出被云淹，明天是好天。早晨火烧云，晚上雨倾盆。
运势若鱼鳞，来朝风不轻。云钓午后排，风色属人猜。
夏云钓内出，秋风钓迟来。晓云东不至，夜云秋过西。
乱云天顶绞，风雨来不少。风送雨倾盆，云过天暗昏。
早晨云如山，必定下满湾。早上朵朵云，下午晒死人。

风

初三若有飓，初四更可怕。二月风雨多，劝君要牢记。
初八及十三，十九二十一。三月十八雨，四月十八至。
汛头风不长，汛后风雨毒。春夏东南风，不必回天公。
秋冬西北风，天光必晴明。长夏风势轻，舟船最可行。
深秋风势动，风势浪未静。夏风连夜轻，舟船最可行。
西北黑云生，暴雨必形成。早怕南云涨，晚怕水云推。

秋冬东南风，雨下不相逢。春夏西北风，夏来雨不从。
大风不过午，过午连夜吼。风向四面转，天气快要变。

雨

久雨见星亮，明日雨更明。久雨鸟雀叫，隔日好天到。
久雨泛星光，午后雨必狂。下雨天变亮，还要下一丈。
早雨泛星光，午后雨必狂。有雨天边亮，无雨顶上光。
有雨山戴巾，无雨山拦腰。旱淋白露干，大旱十个月。
雨点起大泡，连阴定予光。雨中知了叫，报告晴来到。
雨点铜钱大，有雨也不下。泥鳅上下游，大雨在后头。

雷电

电光西北，雨下练练。辰间电飞，大飓可期。
电光乱明，无雨风晴。闪烁星光，雨下风狂。
直闪多雨，横闪多雹。立秋响雷，百日无霜。
东闪太阳红，西闪雨重重。六月初一雷，一雷庄九台。
九月雷声发，大旱一百天。雷打惊蛰前，高山好种田。
先响雷不下，后响雷不停。闷雷带横闪，冰雹大如碗。
电光乱不晴，明雷不下雨。秋雷走得早，春雨多不了。

虹

雨下垂虹，霎时晴明。断虹晚见，不明天变。
断虹电挂，有风不怕。东虹为云，西虹为雨。
虹高日头低，早晚披蓑衣。虹吃云彩，永远不来。

日

乌云接日,雨即倾滴。云下日光,晴明无妨。
早间日珥,狂风即起。早后日珥,明日有雨。
午前日晕,风起北方。午后日晕,风势须防。
晕开门如,风色不狂。早百暮赤,飞沙走石。
日没暗红,无雨必风。日光晴彩,久晴可待。
日光早出,晴明不久。返照黄光,明日风狂。
日落胭脂红,不雨就有风。日落乌云涨,夜半听雨响。
日落云里走,雨在半月后。日落乌云起,来日必有雨。
日落风不刹,明天还得到。日落云连云,下雨也阴天。
日落天黄黄,大雨淹倒墙。日落乌云座,明天好推磨。
日落快冲冲,明天刮大风。日落不返光,明日大风狂。
日落云上涨,半夜听雨响。日落乌云涨,深夜听雨响。
日出紫云生,午后雷雨鸣。日出东南风,无雨定有风。
中午露一露,下午下个够。太阳落到云,大雨下倾盆。
太阳落穿山,明朝定晴天。午前珥生风,午后珥生雨。
早晨太阳黄,午后风必狂。当午日一现,几天不见面。

霜雾

大雾不过三,小雾不过五。六月出大雾,大旱到白露。
早晨地罩雾,尽管晒稻谷。早晨落大雾,尽管洗衣服。
晨雾不过三,不下也阴天。半夜拉起雾,正午晒死兔。
秋湿冷气生,霜冻必早行。秋后北风紧,夜静有白霜。

雪

一九有雪,九九有雪。三月有雪,收成如铁。
小雪满天雪,来岁必丰年。雪打正月节,二月雨不歇。

节令

一年打两春,黄土变成金。一场秋雨一场寒,十场秋雨就穿棉。

二月干一干,三月雨不宽。二月初一雨雪大,芒种前后有一怕。

七月立大秋,早晚都丰收。七月十五看红花,八月十五定收成。

三伏热似火,一雨便成秋。五月旱来不算旱,六月连阴吃饱饭。

小雪不种地,大雪不行船。不怕六月六的雨,就怕七月七的风。

七九河便开,八九雁准来。六月十三道不开,不是下雨就阴天。

立秋天渐凉,处暑谷渐黄。一九二九下了雪,头伏二伏水必缺。

二十八、电影《刘三姐》经典歌词

20世纪60年代,长春电影制片厂根据壮族经典故事拍摄了电影《刘三姐》。因为该电影故事美,背景美,山歌美,演员美,很快享誉全中国,声震东南亚,影响几代人。到了旅游业发展兴盛的今天,在山水甲天下的桂林有了不少以刘三姐命名的景点。特别是我国著名导演张艺谋

受其启发和影响，把他对刘三姐文化的升华和创意，搬到了现实中的阳朔山水圣地，精心打造出了全世界最大的实景演出“印象刘三姐”。张艺谋当初在制作“印象刘三姐”时，说了一段很有趣、很有诗情画意的话：“我 1950 年出生，十多年后，一部叫《刘三姐》的电影诞生了，后来噢，那个唱山歌的壮族女子成了许多人倾慕的对象，而那个养育她的这片山水又成了许多人期待游历的地方。今天我站在这山水之间，去寻访那个唱山歌的壮族女子，可渔夫们告诉我，刘三姐是一位歌仙，眼前的这些山就是她的化身，只有在晴朗的夜晚，她才会出来，唱着山歌走进你的梦。”

以下我们将电影《刘三姐》中的歌词精彩回放，以飨大家。

刘三姐：山顶有花山脚香，桥底有水桥面凉；
心中有了不平事，山歌如火出胸膛；
山歌又像泉水流，深山老林处处有；
若还有人来阻挡，冲破长堤泡九州；
虎死虎骨在深山，龙死龙鳞在深潭；
唱歌不怕头落地，阎王殿上唱三年；
如今世界实在难，好比滩头上水船。
唱起山歌胆气壮，过了一滩又一滩。

财主刁，半夜举起杀人刀，害我不死偏要唱，唱得大河起浪涛。浪滔滔，河里鱼虾都来朝，急水滩头唱一句，风平浪静姐逍遥。

刘三姐：多谢了，多谢四方众乡亲。我今没有好茶饭，只有山歌敬亲人。

众乡亲:山歌好,好似热茶暖头心。世上千般咱无份,只有山歌属穷人。

刘三姐:莫讲穷,山歌能把海填平。上天能赶乌云走,下地能催五谷生。

乡亲:好歌声呢,三姐开口赛洪钟。歌声还似钢刀利,难怪四方都闻名。

刘三姐:取笑多,画眉取笑小阳雀。我是嫩鸟才学唱,绒毛鸭子初下河。

采茶歌

三月鹧鸪满山游,四月江水到处流。采茶姑娘茶山走,茶歌飞向白云头。

草中野兔窜过坡,树头画眉离了窝。江中鲤鱼跳出水,要听姐妹采茶歌。

采茶姐妹上茶山,一层白云一层天;满山茶树亲手种,辛苦换得茶满园。

春天采茶茶抽芽,快趁时光掐细茶,风吹茶树香千里,赛过园中茉莉花。

采茶姑娘时时忙,早起采茶晚插秧。早起采茶顶露水,晚插秧苗伴月亮。

刘三姐:采茶采到茶花开,满山接岭一片白。

蜜蜂忘记回窝去,神仙听歌下凡来。

对歌

男方:好歌才呢,只有三姐唱得来。

心想与姐唱几句,不知金口开不开?

刘三姐:心想唱歌就唱歌,心想打鱼就下河。

你拿竹篙我拿网,随你撑到哪条河。
男方:什么水面打跟斗呢,什么水面起高楼呢,
什么水面撑阳伞,什么水面共白头?
刘三姐:鸭子水面打跟斗呢,大船水面起高楼,
荷叶水面撑阳伞,鸳鸯水面共白头。
男方:什么结果抱娘颈呢,什么结果一条心,
什么结果包梳子,什么结果披鱼鳞?
刘三姐:木瓜结果抱娘颈,香蕉结果一条心,
柚子结果包梳子,菠萝结果披鱼鳞呢。
男方:什么有嘴不讲话,什么无嘴闹喳喳,
什么有脚不走路,什么无脚走天下?
刘三姐:菩萨有嘴不讲话,铜锣无嘴闹喳喳。
财主有脚不走路,铜钱无脚走天下。

《刘三姐》歌词台词

刘三姐与陶、李、罗三秀才首次对峙:
刘三姐:隔山唱歌山答应,隔水唱歌水回声,
今日歌场初会面,三位先生贵姓名?
陶秀才:百花争春我为先,兄红我白两相连,
旁人唱戏我挨打,名士风流天下传。
刘三姐:姓陶不见桃结果,姓李不见李花开,
姓罗不见锣鼓响,蠢材也敢对歌来。
李秀才:赤膊鸡仔你莫恶?你歌哪有我歌多?
不信你往船上看,船头船尾都是歌。
刘三姐:不懂山歌你莫来,看你也是一蠢材。
山歌都是心中出,哪有船装水载来?

李秀才:小小黄雀才出窝,谅你山歌有几多。
　　那天我从桥上过,开口一唱歌成河。
刘三姐:你歌哪有我歌多,我有十万八千箩,
　　只因那年涨大水,山歌那个塞断九条河。
陶秀才:不知羞!井底青蛙想出头,
　　见过几多天和地,见过几多大水流?
刘三姐:你住口!我是江心大石头,
　　见过几多风起(卷)浪,撞破几多大船头。
罗秀才:一个油桶斤十七,连油带桶二斤一,
　　若是你能猜得中,我把香油送给你。
刘三姐:你娘养你这样乖,拿个空桶给我猜,
　　送你回家去装酒,几时那个想喝几时筛。
罗秀才:三百条狗送给你,一少三多四下分,
　　不要双数要单数,看你怎样分得均?
舟妹:九十九条集上卖,九十九条腊起来,
　　九十九条赶羊走,剩下三条,财主请来当奴才。
李秀才:见你打鱼受奔波,常年四季打赤脚,
　　不如嫁到莫家去,穿金戴银住楼阁。
刘三姐:你爱莫家钱财多,穿金戴银住楼阁,
　　何不劝你亲妹子,嫁到莫家做小婆。
陶秀才:你发狂,开口敢骂读书郎,
　　惹得圣人生了气,从此天下无文章。
刘三姐:笑死人呢,劝你莫进圣人门,
　　若还碰见孔夫子,留心板子打手心。
李秀才:真粗鲁,皆因不读圣贤书,
　　不读四书不知礼,劝你先学人之初。

刘三姐:莫要再提圣贤书,怕你越读越糊涂,
　　五谷杂粮都不分,饿死你个人之初。
陶秀才:你莫嚣,你是朽木不可雕,
　　常言万般皆下品,自古唯有读书高。
刘三姐:笑死人,白面书生假斯文,
　　问你几月是谷雨,问你几月是春分。

《刘三姐》歌词台词

合:富人只会吃白米,手脚几曾沾过泥,
　问你几时撒谷种,问你几时秧出齐。
　四季节令你不懂,春种秋收你不知。
　一块大田交给你,怎样耙来怎样犁?
罗秀才:听我言,家有千顷好良田,
　　耕田耙地我知道,牛走后来我走先(众人大笑)。

对歌胜利后刘三姐和舟妹织渔网

合:上河涨水水推沙,下河鱼儿摇尾巴,
　打得鱼儿街前卖,换得油盐换得茶。
刘三姐:拿起镰刀会割禾,拿起竹篾会织箩,
　　如今遇上渔家妹,手攀渔网学穿梭。
　　姐学织网妹学歌,姐妹二人梭对梭。
　　砍柴女儿渔家妹,患难结交情意和。

刘三姐缝绣球唱腔

刘三姐:花针引线线穿针,男儿不知女儿心。
　　鸟儿倒知鱼在水,鱼儿不知鸟在林。

看鱼不见不怪水，看鸟不见不怪林，
不是鸟儿不亮翅，十个男儿九粗心。
合：砍柴过岭又过坡，岭上山鸡尾拖拖，
岭上山鸡尾摆摆，展翅飞过虎狼窝。
舟妹：姐砍柴来妹相帮，问你砍柴砍几长？
刘三姐：长长短短一下砍，哪个带了尺来量？
刘三姐：砍柴莫砍岭上松，小小松树有大用，
有日松树撑天起，敢挡东南西北风。
合：进山听见斑鸠叫，出山又闻鹧鸪啼，
一声山歌唱出口，气死深山老画眉。
阿牛：哎，亏了亏，不见画眉岭上飞，
不见画眉树头站，清早出窝夜不回。
哎，亏了亏，画眉飞去不飞回，
你今歇在哪棵树，你今落在哪蔸梅？
刘三姐：画眉困在八角笼，八角笼门锁重重，
八角笼门重重锁，眼望青山难出笼。
阿牛：笼里画眉莫乱飞，草动只有等风吹，
三更半夜风才起，风吹草动再飞回。
才把金钩丢下水，起竿钩得癞头龟，
拿去送给财主佬，养在灶角好扒灰。
好篮从来不装灰，好人从来不做贼，
今天碰上刘三姐，红薯落灶你该煨。
一只小船轻悠悠，月儿弯弯在当头，
人看明月当头挂，我看明月顺水流。
阿牛：我走东来他走西，放出金鸡引狐狸，
引得狐狸满山转，日头出东月落西。

刘三姐:日头出东月落西,行人要谢五更鸡,
鸡叫一声天亮了,狼虫虎豹藏行迹。
阿牛:妹莫忧,黑夜也有人行走,人人都讲山有虎,
妹呀,特地拿刀拦虎头。
刘三姐:妹不忧,浪大也有打鱼舟,
手把舵杆稳稳坐,哥呀,哪怕急浪打船头。
阿牛:风吹云动天不动,水推船移岸不移。
刘三姐:刀切莲藕丝不断,斧砍江水水不离。
刘三姐:山中只见藤缠树,世上哪见树缠藤,
青藤要是不缠树,枉过一春又一春。
竹子当收你不收,笋子当留你不留,
绣球当捡你不捡,空留两手捡忧愁。
合:连就连。
阿牛:我俩结交定百年。
刘三姐:哪个九十七岁死,奈何桥上等三年。
阿牛:哪个九十七岁死,奈何桥上等三年。
合:等三年!

二十九、花的物语顺口溜

桔梗:真诚不变的爱。

白玫瑰:我足以与你相配,你我应是平等的爱。

熏衣草:我渴望爱情,期待别人对我的爱。

狗尾巴草:心中有着萌动的爱。

油桐花:情窦初开,开启了对生活初始的爱。

樱花:珍爱生命,希望有着久别重逢的爱。

黑色曼陀罗:无间的爱和复仇,绝望的爱,不可预知的死亡和爱。

蓝色妖姬:相守是一种承诺,人世轮回中,怎样才能拥有一份温柔的爱。

双枝蓝色妖姬:相遇是一种宿命,心灵的交汇让我们有诉不尽的浪漫情爱。

三枝蓝色妖姬:送花人表达的是一种情愫,你是我最深的爱。

红蔷薇:让激情燃烧,有着火热的爱。

粉蔷薇:能有着山盟海誓的爱。

白蔷薇:生活中应该是纯洁的爱。

黄蔷薇:爱得永恒,无时不是微笑的爱。

深红色蔷薇:只想和你在一起,有着朝朝暮暮相守的爱。

粉红色蔷薇:我要与你白头偕老,有一辈子的爱。

圣诞蔷薇:让我们时常追忆有过的爱。

野蔷薇:生活应有浪漫的爱。

水仙花:爱别人,先要懂得自爱。

三叶草:一叶代表祈求,二叶代表希望,三叶代表情爱。

彼岸花:悲伤的回忆,无奈的爱。

栀子花:永恒的爱、一生的守候、我们的爱。

蔷薇:有生活的品位,思念的爱。

蒲公英:无法停留的爱。

昙花:刹那的美丽,一瞬间化成永恒的爱。

卡萨布兰卡的花语:永恒的爱和不要放弃一个你深切的爱。

鸢尾:绝望的爱。

蓝色鸢尾:宿命中的游离和破碎的激情,精致的美丽,可是易碎且易逝去的爱。

龙舌兰:愿为爱付出一切的爱。

蔷薇:你的一切都很可爱。

松虫草:寡妇的悲哀,忧伤的爱。

含羞草:过于自卑,被动的爱。

夜来香:在危险边缘寻求快乐的爱。

向日葵:羡慕别人,心里想爱。

非洲菊:永远快乐地去爱。

香槟玫瑰:我只钟情你一个,爱上你是我今生最大的幸福,想你是我最甜蜜的痛苦,和你在一起是我的骄傲,没有你的爱我就像一只迷失了航线的船。我希望得到你永久的爱。

山樱花:兼有纯洁、高尚、淡泊的爱。

百合:有纯洁、神圣的爱。

菖蒲:相信者的幸福,友好的爱。

木棉花:珍惜眼前的幸福,把握时光的爱。

德国菖蒲:婚姻完美,幸福的爱。

雏菊:隐藏爱情,含蓄的爱。

茉莉花:你是我的唯一的爱。

密蒙花:幸福来敲门,渴望真诚的爱。

紫藤花:追求幸福执着的爱。

蝴蝶花:相信就是幸福,希望得到的是真诚的爱。

龙胆花:喜欢经历忧伤的爱。

蝴蝶兰:我爱你是发自内心的爱。

旭日藤:爱有锁链,无法避免缠绵的爱。

风信子:永远的怀念,珍贵的爱。

星辰花:永不变心,坚定执着的爱。

爱丽丝:想你在心,挥之不去的爱。

火百合:热烈的爱。

紫玫瑰:珍惜的爱。

鳞托菊:永远的爱。

麦秆菊:永恒的记忆,忘不了的爱。

杨柳:依依不舍,难以割舍的爱。

黄玫瑰:褪色的爱。

白日菊:永失我爱。

野荨麻花:相亲相爱。

茉莉花:不离不弃的爱。

丁香:美好的记忆,难忘的爱。

紫云英:不奢求难得的爱。

茉莉:幸福,就是你给予我的爱。

蓝色水菊:善变、固执、无情的你是一种漂浮不定的爱。

红色天竺葵:你在我的脑海里有着挥之不去的爱。

粉红色天竺葵:很高兴能陪在你身边,享受亲切的爱。

红色仙客:你真漂亮,我无时不在把你爱。

粉红色山茶花:让我越变越美丽,那是因为有你的爱。

白色菊花:真实坦诚,真诚的爱。

红色素菊:有着玫瑰所表达的爱。

白色花束:把我的一切都奉献给你的爱。

雪莲花:求得心灵安慰的爱。

蓝色玫瑰:无法得到的东西,遗憾的爱。

四叶幸运草:梦想成真,真实的爱。

香水百合:纯洁、高贵的爱。

白色的铃兰:幸福即将到来,让人激动的爱。

香槟玫瑰:梦幻的感觉,朦胧的爱。

风铃草:温柔的爱。

百慕达奶油花:坚韧、顽强、坚定的爱。

圣诞花:美满冷漠,冷酷的爱。

茶花:让人羡慕的爱。

杜鹃花:对生活有着强烈的爱。

连翘:出人意料的爱。

大岩酮:一见钟情,闪电般的爱。

金鱼草:高尚纯洁美丽的爱。

紫罗兰:你永远是那么可爱。

天竺葵:偶然的相遇,奇妙的爱。

薄荷:品德高尚的爱。

金凤花:充满智慧的爱。

曼陀罗:不可欲知的死亡和爱。

爱丽丝花:好开心的爱。

三色堇:火热的爱。

黄色三色堇:喜忧参半的爱。

紫色三色堇:沉默的爱。

彩叶草:绝情的爱。

矢车菊:单身的幸福,无人的爱。

海芋:希望,雄壮之美,强劲的爱。

仙人掌:你是我的天使,温暖的爱。

大波斯菊:少女真实的心,美丽纯洁的爱。

情人草:完美爱情,心醉的爱。

银莲花:失去的希望,无法挽回的爱。

小苍兰:纯洁、幸福、清新舒畅,惹人生爱。

翠菊:追想可靠的爱情,请相信我的爱。

虞美人:安慰心灵的爱。

蓍草:安慰失去的爱。

玉簪花:恬静、宽容的爱。

时钟花:爱在你身边,意想不到的爱。

刺槐:平静、友好的爱。

忘忧草:放下忧愁,快乐的爱。

石竹:奔放、幻想,不真实的爱。

红枫:热忱、开朗的爱。

牵牛花:爱情永固,坚定的爱。

香雪兰:纯洁的爱。

红豆:相思的爱。

荼蘼:穷途末路的爱。

天堂鸟:自由、幸福、吉祥的爱。

欧石楠:孤独与背叛的爱。

郁金香花语一:爱的表白、荣誉的皇冠、永恒的祝福,无怨无悔的爱。

红郁金香:爱的宣言、喜悦、热爱。

黑郁金香:神秘,高贵。

紫郁金香:高贵的爱、无尽的爱。

白郁金香:纯情、纯洁,美丽的爱。

粉郁金香:美人、热爱、爱惜、幸福的爱。

黄郁金香:高雅、珍贵、财富、友谊,无私的爱。

双色郁金香:美丽的你,喜相逢,让人开怀的爱。

羽毛郁金香:情意绵绵的爱。

红色郁金香:说出心里的爱。

三十、民间说笑顺口溜新编

(一)出差老婆有交代

老公准备要出差,老婆赶快来交代;
注意身体别太累,每天不要太晚睡;
赴宴不要喝多酒,买物不要图太贵;
花钱千万要节俭,娱乐埋单要后退;
陌生女孩别搭理,推油按摩易犯罪;
甜言蜜语不可信,节省开支不浪费;
头脑清醒办好事,按时归来就是对。

(二)人生四个阶段

小时候有理想,年青时有梦想,
中年时有妄想,老年时有回想。

(三)男人恋爱观笑话

山外青山楼外楼,你不爱我我不愁。
世上美女到处有,她会比你更温柔!
天涯何处无芳草,何必单恋一棵草。
只要用心找一找,总有一棵比她好。

(四)男女胖瘦标准

女人胖是丰满,瘦是苗条,
高是修长,矮是秀气。
男人胖是猪,瘦是排骨,高是竹竿,矮是冬瓜!

(五)成功人士说法

微笑的人才能够健康,自信的人才能够微笑,
坦荡的人才能够自信,无私的人才能够坦荡。

(六)人生应悟警示

酒是穿肠的毒药,色是刮骨的钢刀。
气是下山的猛虎,钱是惹祸的根苗。

(七)现代家长"望子成龙"心态

一歌星二画家三书法四舞星五影星六作家七乐器八摄影九模特,节目主持人人夸。

（八）爱情甜言蜜语

你若心烦，我是蔚蓝；你若心苦，我是甘甜；
你若心伤，我是欢颜；你若心寒，我是春天。
你是水，我是沙，我和你拌成泥巴巴！
你是钩，我是叉，在一起是对小冤家！
我用我的痴心，换取你的真心；
我把我的爱心，送给我的知心；
不要对我无心，与我永结同心。
你是我的全部，一生的赌注，
为你艰辛受苦，为你终身忙碌，
但是我的义无反顾，都是我的甜蜜幸福。
身穿无毛恺撒，手拿无线大哥大，
身坐无人桑塔纳，人称我丐帮老大。
笑容多一点，哭泣少一点；
爱我多一点，骂我少一点；
亲我多一点，打我少一点；
我是你的小甜甜。
我是你夏天里的雪糕，冬天里的棉袄，
黑暗里的灯泡，饥饿时的面包！
我好想对你说“我爱你”！
你饿了吗？——我是面包！
你冷了吗？——我是蒙古包！
你生气了吗？——我是沙包！

(九)坚持苦练的说法

一天不练手脚慢,两天不练丢一半,
三天不练门外汉,四天不练瞪眼看。

(十)对单身人的关爱

是春天一颗种,充满希望;
是夏天烈日,热情辉煌;
是秋天落叶,自由自在;
是冬天飘雪,浪漫无垠。
天气变得真快,气温变得真坏,
出门外套要带,睡觉被子要盖,
多吃水果蔬菜,好好保持心态!

(十一)傻子的新说法

傻子是吃饭找不着嘴,走路找不着腿,
渴了找不着水,出门找不着北,上当不知后悔。

三十一、地方方言顺口溜

(一)四川方言广告词

川府920,养猪快又灵
吃饭冒得肉,全家讨气受;
如今天天打牙祭,我来给你说几句;

科学喂养方法好,年年我养猪宝宝;
每年养猪几百头,我家肥得直冒油;
诀窍在哪里? 好来把经取;
川府920,养猪快又灵。

(二)宁波老话歌谣篇

一月嗑瓜子。
二月放鹞子。
三月种地下秧子。
四月上坟烧锭子。
五月白糖温粽子。
六月朝外扇扇子。
七月老三驮银子。
八月月饼嵌馅子。
九月金橘夹橘子。
十月砂糖炒栗子。
十一月铁铁朴朴落雪子。
十二月冻死凉亭叫花子。

(三)上海话“老”“头”“子”顺口溜

“老”

年高色衰,老菜皮。海派腔调,老克勒。
推脱搪塞,老糨糊。经验丰富,老法师。
死不悔改,老油条。昵骂老人,老浮尸。
百事在行,老懂经。专家老手,老弹簧。
见机行事,老滑头。价格不菲,老价钿。

骂人年高,老甲鱼。破旧不堪,老爷车。
原来时间,老辰光。厚颜无耻,老面皮。
老奸巨猾,老门槛。吹牛连天,老牛三。
勤恳操劳,老黄牛。老实憨厚,老实头。
返老还童,老来少。经常吹牛,老牛逼。
老年爱美,老来俏。熟人常客,老户头。
老不正经,老十三。旧屋故地,老娘家。
公平公正,老娘舅。恶称老人,老棺材。
没有变化,老套头。口味喜咸,老盐头。
嗜酒如命,老酒彭。多年家具,老傢生。
长期搭档,老搭子。这个东西,老居三。
讽骂老人,老乌龟。旧自行车,老坦克。

"头"

故作玄虚,摆噱头。欺诈顾客,斩冲头。
生意兴旺,起蓬头。销声匿迹,避风头。
大言不惭,掼浪头。别出心裁,起花头。
运气不好,触霉头。福星高照,额骨头。
设计陷害,有药头。发号施令,发掉头。
灵机一动,转念头。阅历丰富,识人头。
缩头缩脑,乌龟头。枉费心机,唔搅头。
话不兑现,放龙头。挑刺寻隙,捉板头。
严加管束,收骨头。亏本买卖,倒蓬头。
改变策略,叫掉头。小施恩惠,施甜头。
本分老实,好户头。油水丰厚,有肉头。
理亏语塞,吃闷头。好大喜功,别苗头。
搬弄是非,嚼舌头。遭受指责,吃轧头。

有钱摆阔，掼派头。吹毛求疵，扳叉头。
巧立名目，借因头。代人受过，垫刀头。
漂亮时髦，翻行头。审时度势，轧苗头。
滥竽充数，挂名头。花言巧语，耍滑头。
受人批评，吃排头。没有志气，贱骨头。
前途光明，有奔头。聪明伶俐，有青头。
循规蹈矩，老套头。文章精彩，好笔头。
透露消息，放风头。无本生意，搬砖头。
大把赚钱，抓粒头。讨价还价，谈斤头。
迷迷糊糊，瞌匆头。另立一派，拉山头。
虚张声势，野人头。再婚重娶，二婚头。
领导批评，刮鼻头。蜂拥而上，一哄头。
失去信心，唔搞头。赤日炎炎，毒日头。
办事挫折，跌跟头。呆若木鸡，呆木头。
干脆利落，一记头。无事生非，寻轧头。
左右为难，轧扁头。强加于人，装榫头。
闯荡江湖，跑码头。老老实实，老实头。
菜肴烹调，吊鲜头。贪睡晚起，焐被头。
大腕人物，亨浪头。不明事理，唔轻头。
威胁揍人，拆骨头。领导赏识，有蹿头。
七老八十，老老头。兴趣浓厚，来兴头。
油腔滑调，小滑头。装腔作势，卖拳头。
父亲别称，爷老头。色厉内荏，三吓头。
搓搓麻将，砌墙头。未曾谋面，陌生头。
随意闲聊，车山头。痴心妄想，困扁头。
卖弄风骚，轻骨头。干劲十足，有劲头。

改变策略，掉枪头。故意搭讪，搭讪头。
阴谋诡计，搞花头。人人都有，窟浪头。
偷盗东西，贼骨头。烟瘾很大，老腻头。
不想搭理，唔搭头。身份特殊，有来头。
重拳出击，一榔头。工作着落，饭碗头。
门槛不精，洋葱头。无话好说，唔谈头。
年少显老，小老头。好逸恶劳，懒骨头。
显耀自己，出风头。突然发生，腊莽头。
来势汹汹，三斧头。酣睡之中，困梦头。
死板读书，书读头。招手叫车，乘差头。
经常吃药，药罐头。头发剃光，光浪头。
小本生意，摆摊头。青春疙瘩，骚粒头。
毫无兴趣，没劲头。面条加菜，加浇头。
衔接不牢，脱抢头。记录不勤，懒笔头。
挺身而出，硬出头。吃菜很咸，盐钵头。
预测天气，看云头。悲观绝望，唔活头。
被子横端，被横头。兴趣盎然，游码头。
合伙分肥，拆份头。口齿不清，大舌头。
发育过早，早发头。天气晴朗，晴日头。
脑袋顶上，瘌痢头。零碎单牌，有框头。
避阳地方，阴凉头。形势渐变，转风头。
睡床边上，床横头。单位名称，叫台头。
头型难看，芋艿头。无人疼爱，是多头。
买主客户，叫客头。喜欢吃咸，老盐头。
办事愚笨，是寿头。前途似锦，有盼头。
初出茅庐，是嫩头。硬性搭配，带搭头。

邀约相遇，叫碰头。收尾生活，是收头。
情势紧张，叫风头。脾气倔强，是耿头。
高级职介，叫猎头。卖物抬价，讨虚头。
孤身寡人，一家头。狼吞虎咽，一口头。
回扣分红，叫抽头。仗依背景，肩牌头。
凶神恶煞，是凶头。牵线搭桥，做牵头。
醉酒呕吐，开听头。葱姜香菜，叫香头。
零碎小钱，是垃头。满足兴趣，过腻头。
利润部分，是赚头。凌空劲射，硬脚头。
背靠大树，丐排头。热炒小菜，叫炒头。
两车相碰，相鼻头。反复唠叨，绕山头。
虚无缥缈，魂灵头。旭日东升，出日头。
长期合作，老搭头。寻找借口，是推头。
放依一码，放码头。死磨硬缠，有缠头。
期待希望，是望头。懒于走访，懒脚头。
大票找零，叫找头。折叠被子，摊被头。
冤家路窄，是对头。乱搞关系，轧姘头。

“子”

心领神会，接翎子。苦口婆心，汰脑子。
门槛不精，臭路子。旁门歪道，歪路子。
脚底流脓，坏胚子。伏案疾书，爬格子。
不务正业，浪荡子。话不兑现，放鸽子。
旁门左道，野路子。故弄玄虚，卖关子。
胡搅蛮缠，搅脑子。拐弯抹角，兜圈子。
投机取巧，钻空子。半途而废，半吊子。
出其不意，怪路子。挑拨离间，小扇子。

一命呜呼,翘辫子。哥们义气,是模子。
地位低下,灰孙子。打情骂俏,吊膀子。
暗示他人,甩翎子。运筹帷幄,着棋子。
疏通关系,通路子。原来从前,老底子。
扑克赌博,博眼子。乞丐瘪三,叫花子。
应酬赴宴,赶场子。手腕手段,手条子。
土里土气,乡巴子。弹眼落睛,眼乌子。
缺少玩伴,寻搭子。流氓谈判,拉场子。
女大男小,大娘子。身材不错,有条子。
傻里傻气,憨巴子。循循善诱,校路子。
弯指敲头,麻栗子。名角客串,压场子。
鸦片烟鬼,老杆子。老婆外遇,绿帽子。
中途散伙,拆搭子。身材魁伟,大模子。
精美小吃,油墩子。门周框子,门堂子。
过去时候,老早子。交情深厚,买面子。
台湾商人,台巴子。地位低下,小三子。
奉承吹捧,高帽子。软弱无能,酥桃子。
遭遇挫折,碰钉子。封官许愿,戴帽子。
朋友开张,捧场子。风筝上天,放鹞子。
好逸恶劳,懒胚子。弄堂游戏,打弹子。
吹捧抬举,抬轿子。阴私把柄,小辫子。

(四)广东话方言俗语顺口溜+粤语

开片(打群架,动刀动武)

擦鞋(拍马屁)

一身蚁(一身麻烦)

一镬泡(比喻一团糟糕)

一镬熟(比喻全部遭殃)

一担担(半斤八两,彼此彼此)

手瓜硬(比喻权力大)

执死鸡(拣到便宜)

跌眼镜(估计错误,走了眼)

大出血(大降价,血本无归)

摸门钉(吃闭门羹)

踢晒脚(非常忙碌)

食死猫(背黑窝)

抛浪头(吹嘘自己或吓唬人以显示自己威风,出风头)

扯猫尾(演双簧,串通自来)

鬼打鬼(自己人打自己人,贬义)

炮仗颈(火暴脾气)

笃背脊(背后说人坏话,告发别人)

放飞机(故意失约)

一仆一碌(跌跌撞撞)

三口六面(当着别人)

三姑六婆(好管闲事的女人)

七国咁乱(乱成一团糟)

好人好姐(好端端的人)

话头醒尾(领悟力强,一说就明白)

有纹有路(有条不紊)

生安白造(捏造,无中生有)

死蛇烂鳝(一动不动,比喻懒惰)

把心唔定(下不定决心)

定过抬油(镇定得很)

游离浪荡(无所事事,到处游荡)

水静河飞(静悄悄,幽静)

衰到贴地(倒霉透了,坏透了)

鬼五马六(狡猾古怪)

身水身汗(满身是汗)

古灵精怪(稀奇古怪)

偷呃拐骗(招摇撞骗)

天生天养(土生土长)

无端白事(无缘无故)

冇尾飞铊(比喻一去不回)

一天都光晒(云开雾散,大快人心)

一部通书睇到老(用老的眼光看待新事物)

十问九唔应(屡问屡不答)

人怕危,迷怕筛(人就怕被人哀求)

小心驶得万年船(小心可保长久平安)

手指拗出唔拗入(比喻自己人不帮自己人反而帮外人)

数还数,路还路(人情归人情,数目要分明)

十画都未有一撇(比喻事情离成功还早着)

生人唔生胆(没有胆量,胆小怕事)

各花入各眼(萝卜青菜,各有所爱,情人眼里出西施)

手板眼见工夫(比喻工作范围小,一眼可见)

有风驶尽利(比喻在得势的时候仗势凌人,不留情面)

有头威冇尾阵(虎头蛇尾)

有碗话碗,有碟话碟(说话直率,有什么说什么)

食咗人只车咩(想要人家的老命吗)

食碗面反碗底(比喻忘恩负义)

好心着雷劈(不领情,好心反被当恶意)

猪仔得食墟墟叫(小人得志而忘形)

崩口人忌崩口碗(有缺陷的人忌讳类似的事物)

鸡春(蛋)咁密都会哺出仔(若要人不知,除非己莫为,事情总会水落石出)

偷鸡唔到蚀揸米(比喻不但占不到便宜反而吃了亏)

光棍佬遇着冇皮柴(想打劫却遇着穷鬼)

(五)福建闽南话顺口溜

1.

出门来拍工,
驴到裤破康,
衫破无人补,
只因欢无亩,
无亩生活过艰苦,
三顿咸菜甲菜脯,
个人瘦过竹壳脯,
腰裤一穿力破肚,
照生做尼娶有亩。

2.

岁月无声,
转眼成老爹,
出门踏只破脚车,
落雨骑支破雨遮,

遇着姿娘仔看到目斜斜，
姿娘仔楚烈着惊，惊归惊，
也爱大声啖你听，你者痴哥兄，硬虎无亩定。

3.
勿艰苦，勿肿肚！
有人未嫁硬虎有人娶无亩，
自古姻缘无错配！心情放松做牵课，
时间一到自然有人来搭配，伊人若错过，日后一定会后悔。

4.
街市猎无，鸡仔错脚踏死鹅，
和尚烧拍攒头毛，尼姑娇仔猎铁桃，
猫鼠教猫雪竹竿，青夜看到笑呵呵，唔知你感觉如何？

5.
现在指帮校生兄，个个举址很鸡精！
头毛长长留秋仔！肠衫肠裤补破布。
挂目镜骑手机！行路块形张到死父鲜！

策　　划：李荣强
责任编辑：李荣强

图书在版编目(CIP)数据

旅游说笑顺口溜/李灵资主编. --北京：旅游教育出版社,2015.1
ISBN 978-7-5637-2905-0
Ⅰ.①旅… Ⅱ.①李… Ⅲ.①旅游文化—通俗读物 Ⅳ.①F590-49

中国版本图书馆 CIP 数据核字(2014)第 052142 号

旅游说笑顺口溜
李灵资　主编
李欣阳　副主编

出版单位	旅游教育出版社
地　　址	北京市朝阳区定福庄南里 1 号
邮　　编	100024
发行电话	(010)65778403 65728372 65767462(传真)
E-mail	tepfx@163.com
印刷单位	北京嘉业印刷厂
经销单位	新华书店
开　　本	889 毫米×1194 毫米　1/32
印　　张	7.5
字　　数	174 千字
版　　次	2015 年 1 月第 1 版
印　　次	2015 年 1 月第 1 次印刷
定　　价	28.00 元

(图书如有装订差错请与发行部联系)